Hans-Martin Lohmann

Freud für die Westentasche

Zum Buch: Der Freud-Experte Hans-Martin Lohmann zeigt hier einen Sigmund Freud, der mehr ist als die Summe der Anekdoten, Klischees und Vorurteile, die über den Begründer der Psychoanalyse kursieren. Das vielgestaltige und widersprüchliche Werk, wichtige und zuwenig beachtete Details der Biographie - davon wird kurz und verständlich erzählt. Daß Freud mit Kokain experimentiert hat, was zur Entdeckung der Lokalanästhesie führte, daß er eigentlich nicht Arzt sein wollte, sondern Forscher und Wissenschaftler, daß er nicht zuletzt ein großer Schriftsteller und Briefschreiber war – das sind nur einige Facetten dieses ungewöhnlichen Freud-Buches.

Hans-Martin Lohmann, geboren 1944 in Bergneustadt, war nach dem Studium Lektor beim Suhrkamp Verlag, danach viele Jahre Redakteur und Chefredakteur der Zeitschrift *Psyche*. Als freier Publizist lebt er in Frankfurt am Main und schreibt u.a. für *Die Zeit*. Er ist Mitglied der Jury »Sachbücher des Monats« und hat selbst Bücher zur Psychoanalyse und zu Freud veröffentlicht.

Hans-Martin Lohmann

FREUD
für die Westentasche

Mit 18 Abbildungen

Piper
München Zürich

In derselben Reihe liegen vor:

Wissenschaft für die Westentasche
von John Gribbin

Mathematik für die Westentasche
von Albrecht Beutelspacher

Statistik für die Westentasche
von Walter Krämer

Physik für die Westentasche
von Harald Lesch und dem Quot-Team

Philosophie für die Westentasche
von Wilhelm Vossenkuhl

Einstein für die Westentasche
von Ernst Peter Fischer

Architektur für die Westentasche
von Stephan Braunfels

Mozart für die Westentasche
von Michael Stegemann

ISBN 13-978-3-492-04892-7
ISBN 3-492-04892-7

Umschlaggestaltung: Büro Jorge Schmidt, München
Umschlagkonzeption: R. Eschlbeck, München
Umschlagabbildung: © Bettmann/Corbis
Gesamtherstellung: Kösel, Krugzell
Printed in Germany

www.piper.de

Inhalt

Freud Speak

»... mach' es kurz!
Am jüngsten Tag ist's nur ein ....«
Goethe, Zahme Xenien IX

Wir alle *sprechen* Freud, auch wenn uns das nicht immer bewußt ist. Keine Beziehungskiste, kein Partygeplauder, keine Talkshow geht vorüber, ohne daß nicht irgendwer einen darauf hinweist, da habe man doch wieder einmal etwas heftig *verdrängt* oder *rationalisiert*. Daß das *Über-Ich* nicht richtig funktioniert habe, kriegt man z.B. dann zu hören, wenn man sonntags abends einen über den Durst getrunken und montags blaugemacht hat. Wer träumend durch die Welt geht und die Bodenhaftung verliert, muß sich vorhalten lassen, den Bezug zum *Realitätsprinzip* verloren zu haben. Auch mit dem Vorwurf der *Projektion* sind wir schnell bei der Hand. Wie selbstverständlich operiert das Kino seit seinen Anfängen – die übrigens mit den Anfängen der Psychoanalyse zusammenfallen – mit psychoanalytischen Metaphern und läßt sich insbesondere von Freuds Traumtheorie inspirieren. *Die Zeit* titelte kürzlich im Feuilleton »Nicht mehr Herr im eigenen Haus« und spielte damit auf eine berühmte Formulierung Freuds über die Schwäche des Ich an. Unser Alltagsverhalten, unsere Sprache, die versteckten und offenen Codes, mit deren Hilfe wir uns mit unserer sozialen Umwelt ins Benehmen setzen, sind durchtränkt von freu-

dianisch geprägten Begriffen und Bildern. Selbst eher konservative Institutionen wie die Kirche, die Schule und das Justizwesen können oder wollen auf die Freudsche Sprache nicht gänzlich verzichten – auch wenn dabei oft eher eine Karikatur Freuds herauskommt.

Wie kaum eine andere Theorie des 20. Jahrhunderts hat die Freudsche Anthropologie das Alltagsleben und das Selbstverständnis des Menschen in der westlichen Welt verändert und geformt. Wenn heute mit einer Freizügigkeit und Unbefangenheit, die noch vor vierzig, fünfzig Jahren undenkbar war, über die Sexualität und alle ihre Facetten öffentlich geredet wird, wenn die Krankenkassen psychisches Leiden genauso anerkennen wie körperliche Krankheit und dessen Heilung in ihren Leistungskatalog aufnehmen, wenn die Forderung nach der Gleichberechtigung von Frauen im gesellschaftlichen Leben keine hohle Phrase politischer Sonntagsreden mehr darstellt, sondern zunehmend zur Selbstverständlichkeit geworden ist – dann hat das alles etwas mit dem zu tun, was man die Freudsche Revolution nennen könnte. Auch Feministinnen müssen zugeben, daß es trotz des persönlichen Patriarchalismus Freuds und trotz des wenig ermutigenden Bildes, das er von den Frauen entwarf, gerade seine Schöpfung, die Psychoanalyse, war, die eine neue, moderne Vorstellung der Frau in die Welt gesetzt hat.

Mag die Psychoanalyse als therapeutisches Verfahren auch inzwischen ihren Nimbus der Einzigartigkeit und damit ihre Ausnahmestellung verloren haben, so bleibt doch die Tatsache bestehen,

daß Freud und sein Werk (dessen Zentrum ja keineswegs die Therapeutik bildet) auch am Beginn des 21. Jahrhunderts unübersehbar präsent und gewissermaßen »unvermeidlich« sind, wie der Freud-Biograph Peter Gay schreibt: als eine spezifische Art und Weise, die Welt und die Menschen in den Blick zu nehmen – jenseits, vor allem aber diesseits des Lustprinzips.

Aus Freuds Leben

Probleme der Freud-Biographik

Im April 1885 schrieb Freud an sein »teures Liebchen«, seine Verlobte Martha Bernays: »Ich habe alle meine Aufzeichnungen seit vierzehn Jahren und Briefe, wissenschaftliche Exzerpte und Manuskripte meiner Arbeit vernichtet. [...] das Zeug legt sich um einen herum wie der Flugsand um die Sphinx, bald wären nur mehr meine Nasenlöcher aus dem vielen Papier herausgeragt; ich kann nicht reifen und nicht sterben ohne die Sorge, wer mir in die alten Papiere kommt. [...] Die Biographen aber sollen sich plagen, wir wollen's ihnen nicht zu leicht machen. Jeder soll mit seinen Ansichten über die ›Entwicklung des Helden‹ recht behalten, ich freue mich schon, wie die sich irren werden.«

Etwa vierzig Jahre später teilte Freud seinem ersten Biographen Fritz Wittels, an dessen Buch er einiges auszusetzen hatte, kategorisch mit: »Es scheint mir, daß die Öffentlichkeit kein Anrecht an meine Person hat und auch nicht an mir lernen kann, solange mein Fall – aus mannigfachen Gründen – nicht voll durchsichtig gemacht werden kann.« Trotz der Tatsache, daß Freud mehrfach autobiographisches Material vernichtet hat, trotz der abweisenden Auskünfte hinsichtlich seiner Person und trotz seiner Abneigung gegen das biographische Genre allgemein haben sich namhafte Autoren von Ernest Jones bis Peter Gay nicht ab-

Sigmund Freud um 1906 (Aufnahme der Söhne)

schrecken lassen, sein Leben gründlich zu erforschen und große Freud-Biographien zu schreiben. Außerdem sind inzwischen mehr als ein Dutzend Editionen von Freud-Briefen verfügbar, die aus Freuds Sicht wohl kaum alle für die Öffentlichkeit bestimmt waren. Deshalb wissen wir heute mehr über den Erfinder der Psychoanalyse, als dieser sich je hätte träumen lassen.

Komplizierte Familienverhältnisse

Wir müssen uns Freuds privates und berufliches Leben als äußerlich unspektakulär und wenig aufregend vorstellen, auch wenn gelegentlich versucht worden ist, ihm allerlei Eskapaden nachzusagen. Es gibt keinerlei Anhaltspunkte dafür, daß Freud hinter der Fassade einer geordneten bürgerlichen Existenz noch ein zweites Leben geführt hat – mit heimlichen Liebschaften, verbotenem Umgang mit Rauschgift und dergleichen mehr. Alles, was die seriöse Freud-Biographik in den knapp siebzig Jahren seit seinem Tod herausgefunden hat, spricht dafür, daß Freud eher ein Biedermann als ein wilder Bonvivant war. Wahrscheinlich hängt es mit Freuds damals revolutionären sexualtheoretischen Neuerungen zusammen, daß manche Leute wie z. B. sein Wiener Zeitgenosse Ludwig Wittgenstein von der Lehre Rückschlüsse auf die Person gezogen haben – was vielleicht naheliegend, aber eben doch irreführend ist.

Sigismund Schlomo Freud kam am 6. Mai 1856 in dem mährischen Städtchen Freiberg (Příbor, heute in der Tschechischen Republik) zur Welt, das seinerzeit zum Habsburgerreich gehörte. Sein Vater Kallamon Jacob Freud war ein eher ärmlicher jüdischer Wollhändler und hatte 1855 in zweiter oder dritter Ehe (was bis heute strittig ist) die zwanzig Jahre jüngere Amalia Nathanson geheiratet, die ihm nach dem erstgeborenen Sigmund sieben weitere Kinder schenkte. Nach einer Zwischenstation in Leipzig zog die Familie aufgrund wirtschaftlicher Probleme im Jahr 1860 nach Wien um, wo Freud den größten Teil seines Lebens verbrachte – bis zum Jahr 1938, als er nach England emigrieren mußte.

Mit dem Vater Jacob Freud, um 1864

Die Verhältnisse in dieser großen jüdischen Familie waren höchst kompliziert, was nicht zuletzt mit der unübersichtlichen Konstellation der Generationen zu tun hatte. Vater Jacob brachte nämlich aus seiner ersten Ehe zwei inzwischen erwachsene Söhne, Emanuel und Philipp, mit, die ungefähr so alt waren wie Freuds Mutter. Für das Kind Sigmund mußte es so aussehen, als paßte die junge und attraktive Amalia altersmäßig (und was die gegenseitige erotische Anziehungskraft betraf) eher zu seinen Halbbrüdern als zu seinem Vater, der wiederum ohne weiteres sein Großvater hätte sein können. Tatsächlich hat Freud Jahrzehnte später berichtet, er habe als kaum Dreijähriger bei der Geburt seiner Schwester Anna die Phantasie gehabt, nicht sein Vater, sondern Philipp habe das Schwesterchen in den Leib der Mutter »hineinpraktiziert«. Ebenso verwirrend muß es für Sigmund gewesen sein, daß einer der Söhne Emanuels, John, sein erster Spielkamerad, ein Jahr älter war als er, der Onkel. Schließlich bleibt bedenkenswert, daß Jacob seine beiden ältesten Söhne womöglich auch deshalb nach England schickte, weil er sie als sexuelle Rivalen fürchtete. Natürlich handelt es sich hier letztlich um bloße Spekulationen – aber die angedeuteten familiären Verhältnisse mit ihren höchst unübersichtlichen Beziehungen zwischen den Generationen, in denen es auch stets um das Geheimnis der Sexualität mit all ihren Rivalitäten und Verboten geht, werfen doch ein bezeichnendes Licht sowohl auf Freuds Sexualtheorie als auch auf seine Gedanken über die Ursprünge der menschlichen Kultur, mit denen er sich in seinen reifen Jahren beschäftigte.

Die Mutter spielt in Freuds persönlichem Leben wie in seinem Werk eine schwer durchschaubare Rolle. In den frühen Freiberger Jahren gab es im Hause Freud eine katholische Kinderfrau, die sich offenbar liebevoll um den kleinen Jungen kümmerte und die, wie Freud viel später in einem Brief an Wilhelm Fließ bekundete, »meine Lehrerin in sexuellen Dingen« war: »Außerdem hat sie mich mit rötlichem Wasser gewaschen, in dem sie sich früher gewaschen hatte [...], und mich veranlaßt, ›Zehner‹ [10-Kreuzer-Stücke] wegzunehmen, um sie ihr zu geben.« Diese Monica Zajíc nahm für das Kind jene emotionale Stelle ein, die ihm seine leibliche Mutter aus naheliegenden Gründen verweigerte. Im Herbst 1857 brachte Amalia Freud ihren zweiten Sohn Julius zur Welt, der ein halbes Jahr später, im April 1858, starb. Nur einen Monat zuvor war Amalias jüngerer Bruder Julius in Wien gestorben. Noch im selben Jahr kam Freuds Mutter mit ihrer Tochter Anna nieder. Wenn man bedenkt, daß Amalia damals, während Sigmund im zweiten und dritten Lebensjahr stand, durch zwei Schwangerschaften, zwei Geburten und zwei Todesfälle belastet war, dann ist klar, daß die Kinderfrau eine regelrecht lebensrettende Bedeutung für Freud gehabt haben muß – sie war die Ersatzmutter für die zeitweise abwesende und vermutlich depressive leibliche Mutter. Es ist nicht unwahrscheinlich, daß die Begegnung mit einer emotional unerreichbaren »toten Mutter« (André Green) eine traumatische Erfahrung darstellte, die Freuds Verhältnis zu seiner Mutter lebenslang prägte. So ist z.B. überliefert, daß der erwachsene Sohn jedesmal mit körperlichen Verstimmungen reagierte, wenn er sonntags seine Mutter besuchte. Als Amalia 1930 hochbetagt starb, ging Freud nicht etwa selbst zum Begräbnis, sondern delegierte seine Tochter Anna, so

als wolle er damit zum Ausdruck bringen, daß er genau das tue, was seine Mutter ihm einst angetan hatte: nämlich einen »Ersatzsohn« schicken, wie sie eine Ersatzmutter bestellt hatte – Auge um Auge, Zahn um Zahn.

Der sechzehnjährige Freud mit seiner Mutter

Wie bedeutsam diese Erfahrung für Freud war, laßt sich auch daran ablesen, daß er sich später immer wieder für Männer interessierte, die zwei Mütter hatten: Ödipus, Leonardo da Vinci, Michelangelo und Moses. Ödipus wurde aufgrund eines Orakelspruchs von seiner Mutter entfernt und an einem fremden Königshof großgezogen. Leonardo wurde von seiner Mutter vielleicht nur in den ersten Lebensjahren versorgt und dann in die Obhut einer Ersatzmutter gegeben. Michelangelo kam kurz nach seiner Geburt zu einer Stillamme, seine Mutter starb, als er sechs Jahre alt war. Moses wurde von seiner Mutter ausgesetzt, von der Tochter des Pharao gefunden und wuchs am ägyptischen Hof auf. Bekanntlich spielt die mythologische Figur des Ödipus in der Freudschen Theorie eine herausragende Rolle, wo sie unter dem Titel des »Ödipuskomplex« einen entscheidenden Entwicklungsschritt bei der psychischen Geburt des Menschen bezeichnet. Und auch Leonardo, Michelangelo und Moses tauchen in Freuds Werk an prominenter Stelle auf, was ein unübersehbarer Hinweis darauf sein dürfte, daß hier ein erhebliches Maß an Identifizierung im Spiel war.

Schule und Studium

Im Gegensatz zu manchem anderen Genie war Freud ein ausgesprochener Musterschüler und stets Klassenbester. Zu Hause wurde er von allen Seiten gefördert und als ältester Sohn auf Kosten der jüngeren Geschwister mit gewissen Privilegien bedacht. Der junge Mann war entsprechend selbstbewußt und von seinen Fähigkeiten überzeugt. Anläßlich seines mit Auszeichnung bestandenen Abiturs 1873 schrieb er, wenn auch in ironischem Tonfall, an einen Freund: »Mein Professor sagte mir [...], daß ich hätte, was Herder so schön einen idiotischen Stil nennt, das ist einen Stil, der zugleich korrekt und charakteristisch ist.« Offenbar war Freuds Lehrern schon früh aufgefallen, daß er das Zeug zu einem bedeutenden Schriftsteller hatte, der er dann ja auch tatsächlich werden sollte.

Bevor Freud das Medizinstudium aufnahm, spielte er zumindest kurzfristig mit dem Gedanken, in die Politik zu gehen. Dieser Gedanke war insofern nicht abwegig, als die siebziger Jahre des 19. Jahrhunderts die Hochblüte eines liberalen Reformgeistes markierten, der auch die bis dahin in vielem benachteiligte jüdische Bevölkerung der k.u.k. Monarchie begünstigte – was sich allerdings schon in den achtziger und neunziger Jahren wieder änderte, als sich heftige antisemitische Strömungen in der österreichischen Gesellschaft bemerkbar machten. Weil Freud auch als Medizinstudent fleißig und ehrgeizig war, erhielt er zweimal ein Stipendium, das er für Studienreisen nach Triest an die dortige Zoologische Station nutzte. Den Höhepunkt seiner wissenschaftlichen Ausbildung erlebte er am Physiologischen Institut des berühmten Gelehrten Ernst Wilhelm von Brücke, wo er die glücklichsten Jahre seiner Studienzeit verbrachte. 1881 wurde Freud promoviert, 1885 erlangte er mit seiner Habilitation den Status des Privatdozenten.

Berufliche Karriere: Forscher oder Arzt?

Alles sah zunächst nach einer wissenschaftlichen Karriere aus, die gewiß auch Freuds Neigung und Begabung entsprach. Aber es kam anders. Da die Aussichten auf eine feste Stelle am Brückeschen Institut schlecht waren und er sich außerdem in Martha Bernays, seine spätere Frau, verliebt hatte, war Freud gezwungen, sich beruflich anderweitig umzutun, um Geld zu verdienen und eine Familie gründen zu können. So wurde Freud, ganz gegen seine Karriereabsichten und seine wissenschaftlichen Vorlieben, Arzt, zunächst am Wiener Allgemeinen Krankenhaus, ab 1886 in Privatpraxis. Im selben Jahr heiratete er Martha.

Martha Bernays, Freuds Verlobte (1884)

Freuds Entscheidung gegen die Wissenschaft war also keineswegs freiwillig, sondern erfolgte unter dem Druck äußerer Verhältnisse. Deshalb verwundert es auch nicht, daß der niedergelassene Nervenarzt, der er bis zum Ende seines Lebens blieb, stets ein Faible für die Wissenschaft behielt. Während Freuds spätere Schüler, die von ihm die praktische Anwendung der psychoanalytischen Methode lernten, sich in der Mehrzahl als Ärzte verstanden, die seelische Krankheiten behandelten, blieb Freud gemäß seinem Selbstverständnis in erster Linie Wissenschaftler und Forscher, auch wenn er natürlich Patienten hatte und therapeutische Ratschläge verfaßte. Diese Leidenschaft für die Wissenschaft zeigt sich nicht zuletzt darin, daß ein Großteil der von Freud publizierten Schriften nicht-medizinische und nicht-therapeutische Themen zum Gegenstand hat. Die Spannung zwischen dem weithin ärztlichen Selbstverständnis der Psychoanalytiker und Freuds eigenen wissenschaftlichen Ansprüchen sollte später eine Quelle des permanenten Konflikts zwischen der Psychoanalyse als Therapeutik einerseits und der Psychoanalyse als Wissenschaft andererseits werden. Zumindest für seine Person vermochte Freud diesen Widerstreit zu schlichten.

Freundschaften: Josef Breuer und Wilhelm Fließ

Auf dem Weg zu seinen epochalen psychologischen Entdeckungen wurde Freud von zwei Freundschaften begleitet, ohne die er vielleicht nicht das geworden wäre, was er wurde. Der ältere Josef Breuer, ein in Wien höchst angesehener Arzt, war nicht nur ein väterlicher Freund, der Freud zuweilen aus seinen Geldnöten half, sondern auch ein erfahrener Kollege, von dem der Jüngere viel lernen konnte. Breuers berühmte Patientin »Anna O.« stand gewissermaßen Pate für ein therapeutisches Verfahren, das Freud anfänglich »Redekur« nannte und das sich im Laufe der Zeit schließlich zur technischen Grundregel der psychoanalytischen Behandlungsmethode entwickelte: daß nämlich der Patient in einem Zustand ermäßigter Realitätskontrolle – zu dessen Herstellung zunächst noch die Hypnose diente – alles sagen solle, was ihm in den Sinn kommt. Auf diese Weise hoffte Freud, Auskünfte und Aufschlüsse über zurückliegende verdrängte und unbewußt gemachte traumatische Ereignisse zu erhalten, die bei seinen Patienten zu hysterischen Erkrankungen führten. Konnten diese Ereignisse wiedererinnert und zur Sprache gebracht werden, verschwanden auch die Krankheitssymptome. Die gemeinsam mit Breuer verfaßten *Studien über Hysterie* von 1895, eine Sammlung von Fallgeschichten, stehen so am Anfang der Psychoana-

lyse, noch bevor Freud diesen Namen für seine Sache erfand. Als Freud Mitte der neunziger Jahre allerdings noch einen Schritt weiterging und ausschließlich verdrängte sexuelle Erlebnisse und Motive für die Entstehung von Neurosen verantwortlich machte, war Breuers Toleranzgrenze erreicht, während Freud gerade erst anfing, sein neues Steckenpferd zu reiten.

In dem Berliner Hals-Nasen-Ohren-Arzt Wilhelm Fließ fand Freud jenen Kompagnon und Vertrauten, mit dem er sich über alles, auch über die abseitigsten und spekulativsten Dinge, austauschen konnte. Vielleicht brauchte Freud in den Jahren, in denen er die Grundzüge seiner neuen Psychologie entwickelte, einen Gesprächspartner wie Fließ, der seinerseits in der Lage war, sich auf unbekanntes Terrain vorzuwagen, und tolerant genug, auch theoretische Abgründigkeiten und therapeutische Experimente mit ungewissem Ausgang in Kauf zu nehmen. Ohne Zweifel war Fließ selber ein Mann, der vor keinem gedanklichen Höhenflug und vor keiner Verrücktheit zurückschreckte – Abstürze eingeschlossen. Jedenfalls war es Fließ, dem Freud seine Träume nebst Deutung mitteilte und dem er seine Entdeckung des Ödipuskomplexes und der Bedeutung der Sexualität anvertraute, bevor er damit an die Öffentlichkeit ging. Vor allem aber dokumentieren Freuds Briefe an Fließ (die erst 1985 vollständig publiziert wurden) das, was Freud seine »Selbstanalyse« nannte – einen schmerzhaften Prozeß der Selbsterforschung und Selbstfindung, dessen Modell die mythische Gestalt des griechischen

Königs Ödipus bildet, der ahnungslos seinen Vater erschlägt und seine Mutter heiratet, um am Ende zu erkennen, daß das menschliche Leben ein unentrinnbarer Schuldzusammenhang ist. Die euphorische Freundschaftsbeziehung zu Fließ fand genau zu dem Zeitpunkt ihren Abschluß, als Freud sein Epochenwerk *Die Traumdeutung* vollendet hatte. Die Psychoanalyse war geboren – Fließ, gewissermaßen der Geburtshelfer, wurde nicht mehr gebraucht.

Mit Wilhelm Fließ, Anfang der 1890er Jahre

Quinquennium mirabile – die Geburt der Psychoanalyse

Innerhalb des Zeitraums von fünf Jahren, zwischen 1900 und 1905, veröffentlichte Freud in rascher Folge jene Werke, die ihn zum Begründer einer neuen Psychologie machten, insofern diese das Unbewußte in den Mittelpunkt ihres Forschungsinteresses rückt. 1900 erschien mit der *Traumdeutung* ein Buch, das einen völlig neuen Zugang zum dunklen Reich der Träume eröffnete. 1901 folgte die *Psychopathologie des Alltagslebens*, in der Freud zeigt, daß die kleinen Fehlleistungen, die uns im täglichen Leben unterlaufen, einer Dynamik des Unbewußten unterworfen sind und auf etwas verweisen, das uns normalerweise verborgen bleibt. Ähnliches fand Freud für den Witz heraus, dessen unbewußte Anteile darin bestehen, daß er in sozusagen rationalisierter Form etwas aussprechen darf, das üblicherweise als verpönt gilt – etwas Obszönes oder sexuell Anzügliches, einen verbotenen Wunsch oder eine Verdammung. *Der Witz und seine Beziehung zum Unbewußten* erschien 1905. Im selben Jahr kam Freud mit jenem Buch heraus, das zu seiner Zeit vielleicht den meisten Staub aufwirbelte: mit den *Drei Abhandlungen zur Sexualtheorie*. Das schmale Werk beschäftigt sich mit den sexuellen Perversionen und vor allem mit der

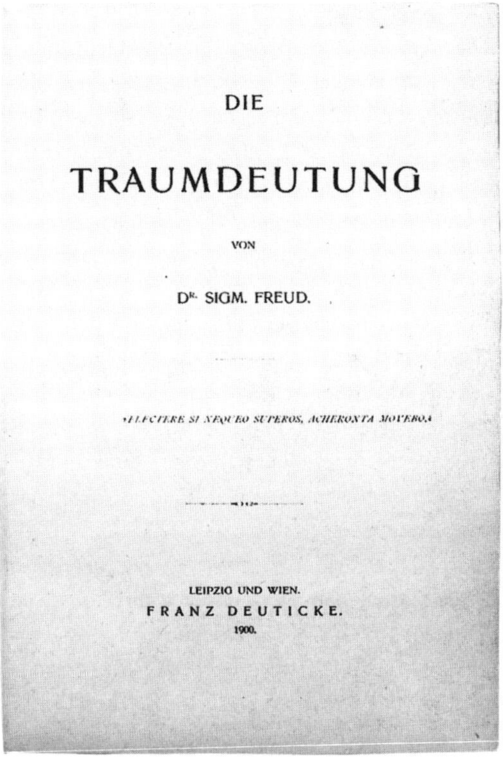

DIE

TRAUMDEUTUNG

VON

DR. SIGM. FREUD.

»FLECTERE SI NEQUEO SUPEROS, ACHERONTA MOVEBO.«

LEIPZIG UND WIEN.
FRANZ DEUTICKE.
1900.

Titelseite der *Traumdeutung* (Erstdruck 1900)

kindlichen Sexualität, die vor Freud als praktisch inexistent galt. Auch in dieser Schrift konnte ihr Autor nachweisen, daß die Schicksale der sexuellen Individuation aufs engste verknüpft sind mit Erfahrungen, die jenseits bewußter Verfügung liegen und gerade deshalb von determinierender Gewalt sind.

Das Auffällige an allen diesen psychoanalytischen Grundwerken ist, daß sie sich nicht mit der Psyche des kranken, sondern mit der des normalen, d.h. des gesunden Menschen beschäftigen. Denn weder ist der Traum ein Phänomen, das dem Umkreis seelischer Krankheiten zugerechnet werden kann, noch sind es die Fehlleistungen oder die Witzproduktion im Alltagsleben, von der Sexualität ganz zu schweigen. Obwohl Arzt, lenkte Freud den psychoanalytischen Blick in erster Linie auf die Erscheinungen des normalen Lebens, also auf das, was alle Menschen teilen. In diesem Sinne war die Psychoanalyse mit ihrem spezifischen Augenmerk auf das Verpönte, Abgespaltene, Vergessene und Verdrängt-Unbewußte von Anfang an denn auch nicht zuerst eine Krankheitslehre als vielmehr eine »Normalpsychologie«. Deshalb ist der Begriff der »Psychopathologie« in dem Buchtitel *Zur Psychopathologie des Alltagslebens* insofern irreführend, als er suggeriert, unsere normale Alltagsexistenz sei irgendwie von psychischen Fehlentwicklungen bestimmt, während Freud doch gerade zeigen will, daß die Mechanismen des Unbewußten im normalen Leben ebenso wirksam sind wie im Fall psychischer Krankheit. Eine große Leistung Freuds besteht nicht zuletzt darin, daß er die scharfe Grenze, welche die Medizin des 19. Jahrhunderts zwischen Gesundheit und Krankheit, Norm und Abweichung gezogen hatte, aufweichte, indem er seelische Krankheit und seelische Gesundheit jeweils als relativen, nicht absoluten Zustand betrachtete.

Die Psychoanalyse wird eine »Bewegung«

Es dauerte eine Weile, bis das Ein-Mann-Unternehmen Freuds Zulauf gewann und expandierte. Anfangs waren es einige wenige interessierte Leute aus Wien, hauptsächlich Ärzte, die sich regelmäßig mittwochs bei Freud privat trafen, woraus die Einrichtung der Psychologischen Mittwoch-Gesellschaft entstand, die Vorform der 1908 gegründeten Wiener Psychoanalytischen Vereinigung. Ab 1906/1907 schlossen sich dem informellen Kreis um Freud aber auch zunehmend Ausländer an, so der Schweizer Psychiater Carl Gustav Jung, der ungarische Arzt Sándor Ferenczi, der Brite Ernest Jones, die Deutschen Karl Abraham und Max Eitingon sowie die russische Schriftstellerin Lou Andreas-Salomé, die durch ihre Beziehungen zu Nietzsche und Rilke für Furore gesorgt hatte. Freud wurde allmählich über Wien hinaus bekannt – die Gründung der noch heute bestehenden Internationalen Psychoanalytischen Vereinigung war nur noch eine Frage der Zeit und erfolgte tatsächlich im Jahr 1910. Ein erster Höhepunkt von Freuds internationaler Karriere war erreicht, als er 1909 auf Einladung des Präsidenten der Clark University in Worcester, Massachusetts, in die Vereinigten Staaten reiste und dort eine Reihe von Vorträgen hielt, in denen er die psychoanalytischen *essentials* in äußerst populärer Form vortrug, was ihm den anhaltenden Beifall

seiner amerikanischen Zuhörerschaft einbrachte. In seiner *»Selbstdarstellung«* urteilte Freud über seinen einzigen Aufenthalt in den USA: »[I]n Europa fühlte ich mich wie geächtet, hier sah ich mich von den Besten wie ein Gleichwertiger aufgenommen. Es war wie die Verwirklichung eines unglaubwürdigen Tagtraumes, als ich in Worcester den Katheder bestieg [...]. Die Psychoanalyse war also kein Wahngebilde mehr, sie war zu einem wertvollen Stück der Realität geworden.« Mit der Äußerung über seine Ächtung in Europa bezog sich Freud nicht zuletzt auf die Tatsache, daß noch 1910 der Geheime Medizinalrat Wilhelm Weygandt, ein bekannter Vertreter der damaligen Psychiatrie und Neurologie, die Psychoanalyse kurz und bündig als eine »Sache der Polizei« bezeichnet hatte. Was aber seinen Erfolg in Amerika betrifft, so sei nur am Rande darauf hingewiesen, daß Freud bei aller strengen Wissenschaftlichkeit, mit der er seine neue Psychologie zu begründen und zu vertreten suchte, stets auch bereit und in der Lage war, ihr eine publikumswirksame Gestalt zu geben. Davon zeugen nicht nur seine amerikanischen Vorträge, sondern ebenso die während des Ersten Weltkriegs entstandenen *Vorlesungen zur Einführung in die Psychoanalyse* sowie deren Fortsetzung, die *Neue Folge der Vorlesungen* von 1933, die wegen ihrer Allgemeinverständlichkeit zu einem der meistverbreiteten Werke Freuds wurden. Gerade in seinen populären Schriften zeigt sich Freud als brillanter Verfechter seiner Sache, ohne diese in unzulässiger Weise zu vereinfachen.

Rivalitäten: Alfred Adler und C. G. Jung

Freuds wachsende Anhängerschaft brachte allerdings auch wachsende Rivalitäten und Konflikte mit sich. Alfred Adler gehörte zu denjenigen im Kreis um Freud, die bald durch theoretische Eigenständigkeit und Originalität auf sich aufmerksam machten, was der Ältere zunächst durchaus mit

Alfred Adler

Carl Gustav Jung

Wohlwollen betrachtete – Freud war keineswegs so kleinlich und eifersüchtig, wie es seine Gegner später gerne von ihm behaupteten. Wenn aber die Eckpfeiler der Psychoanalyse – die Macht des Unbewußten sowie die Rolle des Ödipuskomplexes und der Sexualität – in Frage gestellt wurden, kannte Freud kein Pardon. Als Adler mehr und mehr dazu neigte, psychologische Aspekte zu betonen, die eher in Richtung dessen gingen, was später Ich-Psychologie heißen sollte, und damit die Theorie des Unbewußten und der Sexualität weitgehend zu relativieren, witterte Freud in diesen Neigungen eine »feindselige Konkurrenz«, die er nicht länger tolerieren wollte. Adler und seine Mitstreiter wurden im Namen »der beleidigten Göttin Libido«, so Freuds treffende Formulierung, aus der Wiener Vereinigung ausgeschlossen, während die Mehrzahl der Gruppe sich auf die Seite Freuds schlug.

Gravierender und für Freud weitaus schwerer zu verkraften war der Konflikt mit Jung, der sich 1912/1913 anbahnte. Der Schweizer nahm schon früh eine Sonderstellung im Freud-Kreis ein, weil er erstens begabt war, zweitens an einer angesehenen Universitätsklinik, dem Züricher Burghölzli, arbeitete und drittens *Arier*, also Nichtjude war. Es war vor allem diese dritte Eigenschaft, die ihn in Freuds Augen zum geeigneten Nachfolger qualifizierte: Jung stieg, gefördert und ermuntert durch Freud, zum »Erben« und »Kronprinzen« der jungen psychoanalytischen Bewegung auf, der nach Freuds Ausscheiden oder Tod die Sache verantwortlich in die Hand nehmen sollte – sehr zum Verdruß der Wiener Gruppe übrigens, deren Mitglieder sich schlicht übergangen fühlten. In einem Brief Freuds an Jung heißt es: »Die egoistische Absicht, die ich verfolge und natürlich offen eingestehe, ist, Sie zum Fortsetzer und Vollender meiner Arbeit einzusetzen, indem Sie auf die Psychosen anwenden, was ich bei den Neurosen begonnen habe, wozu Sie als starke,

unabhängige Persönlichkeit, als Germane, der leichter die Sympathien der Mitwelt kommandiert, mir besser zu taugen scheinen als irgendein anderer, den ich kenne. Nebenbei habe ich Sie ja auch lieb [...].«

Hier der Jude, dort der »Germane« – nicht zuletzt an diesen Eigenschaften oder Zuschreibungen, so glaubte Freud, werde sich das künftige Schicksal der Psychoanalyse entscheiden, was im historischen Rückblick nicht ganz falsch ist. Tatsächlich war sich Jung zwanzig Jahre später nicht zu schade, die Freudsche Psychoanalyse bei den neuen, nationalsozialistischen Machthabern als *jüdische Wissenschaft* anzuschwärzen und deren Verbot in Nazideutschland anzuregen, womit er in vorauseilendem Gehorsam etwas forderte, was dann auch wirklich eintraf. Jung ging 1933 in seiner Verblendung so weit, im Unterschied zu einem jüdischen von einem *arischen Unbewußten* zu reden und sich so als Messias einer *deutschen* Psychologie zu empfehlen – ähnlich den Versuchen völkisch gesinnter Naturwissenschaftler, eine *deutsche* Physik zu begründen. Unabhängig von dieser heiklen Konstellation gab es allerdings auch eine Reihe sachlicher Gründe, die 1914 zum endgültigen Bruch zwischen Freud und Jung führten. Zu seiner Verbitterung mußte Freud nämlich konstatieren, daß Jung inzwischen mehr und mehr dazu überging, die Freudsche Libidotheorie, die einen sehr präzisen Kern hat, unzulässig zu erweitern und damit zu verwässern. Außerdem zeigte Jung die in Freuds Augen schädliche Neigung zu mystisch-religiösen Anwandlungen, für die der Ältere, ein dezidierter Rationalist und Atheist, keinerlei Verständnis aufbringen konnte. Schließlich kam hinzu, daß die wachsenden Differenzen zwischen den beiden Männern alle Merkmale eines handfesten Vater-Sohn-Konflikts aufwiesen: Wie der veröffentlichte Briefwechsel zwischen Freud und Jung dokumentiert, war Jung ab einem bestimmten Zeitpunkt nicht mehr bereit, sich der überlegenen Attitüde Freuds zu beugen – er reagierte wie ein rebellischer Sohn, der sich einen Spaß daraus macht, den Vater durch allerlei Ungezogenheiten zu provozieren. So war der Bruch am Ende auch emotional unvermeidlich.

Aus diesem Desaster zog Freud drastische Konsequenzen. Zum einen publizierte er 1914, unmittelbar vor Beginn des Ersten Weltkriegs, die Schrift *Zur Geschichte der psychoanalytischen Bewegung*, in der er Adler und Jung vor aller Öffentlichkeit bloßstellte, und man muß sagen, daß Freud in der Wahl seiner rhetorischen Mittel nicht zimperlich war, wenn es sich darum handelte, die Kernelemente seiner neuen Psychologie zu verteidigen. Zum andern gründete er ein Komitee, bestehend aus seinen treuesten Anhängern, das vorbei an den gewählten offiziellen Gremien der Psychoanalyse in geheimen Zusammenkünften und Absprachen und in enger Anlehnung an Freuds Wünsche fortan die jeweilige Politik des Vereins festlegte und steuerte. Der amerikanische Historiker Peter Gay, einer der profundesten Kenner der Materie, kommt in diesem Zusammenhang zu dem Urteil, daß Freud in der Politik »unredlicher« war als in seinem sonstigen

Verhalten. Auch diese weniger sympathische Seite – den Hang zu informellen und demokratisch nicht legitimierten politischen Machenschaften – sollte man nicht unterschlagen, wenn man ein realistisches Bild von Freud gewinnen will.

Freud wird berühmt

Im Schatten des Weltkriegs, der auch das Freudsche Unternehmen in Mitleidenschaft zog, konnte zunächst unbemerkt bleiben, daß die Psychoanalyse dabei war, sich im stillen zu einer mehr und mehr anerkannten wissenschaftlichen Macht zu entwickeln. In all den Jahren seit 1905 hatte Freud eine Schrift nach der anderen veröffentlicht, in denen er einerseits die psychoanalytische Behandlungstechnik ausbaute und verfeinerte, andererseits den Blick zunehmend auch auf kulturelle und gesellschaftliche Phänomene lenkte. So beschäftigte er sich etwa mit der herrschenden bigotten Sexualmoral seiner Zeit und mit der damit einhergehenden »Erniedrigung« des Liebeslebens, die er polemisch ins Visier nahm, mit dem Ursprung der Kultur (in *Totem und Tabu*), aber auch mit großen Gestalten der Kunst, z.B. mit Leonardo da Vinci und Michelangelo. Kurz vor Ende des Krieges, im September 1918, erlebte die Psychoanalyse einen regelrechten offiziellen Durchbruch, der Freuds Renommee in der Öffentlichkeit beträchtlich steigerte. Auf dem psychoanalytischen Kongreß in Budapest, bei dem auch österreichische, ungarische und deutsche Regierungsvertreter anwesend waren, mußte die konventionelle Psychiatrie, die sich bisher strikt gegen die Psychoanalyse und ihre neuen Behandlungsmethoden ausgesprochen hatte, eine schwere Schlappe hinnehmen. Während

nämlich die Militärpsychiatrie im Falle der sogenannten Kriegsneurotiker die Überzeugung vertrat, daß es sich bei den traumatisierten Frontsoldaten, die sich weigerten weiterzukämpfen, meist um Simulanten und Drückeberger handelte, die man nur entsprechend *therapieren* müsse – z. B. mit Elektroschocks und Isolationsfolter –, konnten Freud und seine Mitarbeiter überzeugend nachweisen, daß man dem Elend der Kriegsneurotiker mit ganz anderen Mitteln begegnen müsse als mit den brutalen Methoden der herkömmlichen Psychiatrie. Indem Freud die psychiatrischen Therapeuten mit »Maschinengewehren hinter der Front« verglich, für die Menschen lediglich Material sind, das für den Fronteinsatz tauglich gemacht werden muß, diskreditierte er die herrschende Psychiatrie als eine Art Reparaturbetrieb im Dienste des kriegführenden Staates, deren Erfolge zudem dürftig genug waren. Vor dem düsteren Hintergrund der Kriegspsychiatrie mußte das Licht der Psychoanalyse, die sich den psychischen Ursachen der Kriegsneurosen zuwandte und das Leiden der traumatisierten Patienten ernst nahm, um so heller erstrahlen. Es war dies Freuds erster Triumph über die Psychiatrie, und er sollte zu seinem internationalen Ruhm erheblich beitragen.

Einen zusätzlichen Aufschwung erlebte die Psychoanalyse dadurch, daß kurz nach dem Krieg in Berlin eine psychoanalytische Poliklinik gegründet wurde, an der auch mittellose Patienten kostenlos behandelt wurden und die gleichzeitig als Ausbildungsstätte für angehende Analytiker diente. Diese

Klinik war gewissermaßen Vorbild und Modell für alle späteren psychoanalytischen Kliniken. Außerdem sah sich Freud dank eines glücklichen Umstands – der ungarische Industrielle Anton von Freund, der bei Freud in Behandlung war, vermachte ihm eine bedeutende Geldsumme – in der Lage, seinen eigenen Verlag zu gründen und so das publizistische Schicksal seiner Bücher selbst in die Hand zu nehmen. Schließlich muß erwähnt werden, daß in den zwanziger Jahren Freuds Schriften in großem Stil in andere Sprachen übersetzt wurden, nicht zuletzt ins Englische, was die Internationalisierung der Psychoanalyse natürlich beschleunigte. All das hatte zur Folge, daß in den Nachkriegsjahren auch ausländische Patienten nach Wien pilgerten, um sich vom Meister persönlich behandeln zu lassen, darunter eine Reihe betuchter Amerikaner. Freud sah es nicht ungern, daß diese Patienten in harter Währung, d.h. in Dollar bezahlten – die österreichische Krone zählte nicht viel –, so daß er stets über eine wertvolle Devisenreserve verfügte.

Freuds Krebs

Im Frühjahr 1923 wurde bei Freud eine Geschwulst in der Mundhöhle entdeckt, die Diagnose lautete auf Krebs. Auf den ersten chirurgischen Eingriff folgten in den sechzehn Jahren bis zu Freuds Tod mehr als dreißig weitere Operationen. Freud mußte fortan mit einer Gaumenprothese leben, die immer wieder neu angepaßt oder gegen eine andere ausgetauscht werden mußte – man kann sich leicht vorstellen, was ein solches »Monster« oder »Ungeheuer« (wie das Ding in der Familie genannt wurde) für den Patienten bedeutete. Freuds Biographen, allen voran Ernest Jones und Peter Gay, haben Freuds Krebs zwar nicht verschwiegen, sich aber im wesentlichen damit begnügt, ihn als pure Tatsache zu betrachten, die am ehesten mit Freuds Tabakkonsum zu erklären sei, was auf den ersten Blick auch sicherlich nicht ganz falsch ist. Tatsächlich war Freud zeit seines Lebens ein starker Zigarrenraucher (ca. 20 Stück pro Tag); er selbst rationalisierte seine Sucht mit dem Hinweis, das ständige Rauchen helfe ihm, den »psychischen Kerl« gut zu behandeln und seine geistige Produktivität aufrechtzuerhalten – manchen Rauchern, vor allem solchen, die viel am Schreibtisch sitzen, kommt dieses Argument auch heute noch bekannt vor.

Trotzdem muß man sich fragen, ob es, nicht nur im Falle Freuds, genügt, einen simplen Kausalzu-

Freud um 1921

sammenhang zwischen Nikotinkonsum und Krebs herzustellen. Der Schweizer Psychologe und Krebsforscher Jürg Kollbrunner, der Langzeituntersuchungen an Krebspatienten vorgenommen hat, kommt zu dem vorsichtigen Schluß, daß bei den meisten seiner Patienten neben möglichen organischen Verursachungen vor allem auch psychische Faktoren eine Rolle spielen, die für das Auftreten des Krebses von Bedeutung sind. Vor diesem Hintergrund hat sich Kollbrunner intensiv und akribisch mit Freuds Biographie beschäftigt, mit seiner Herkunftsfamilie, seiner frühen Kindheit und seinen späteren Beziehungen zu Männern und Frauen, besonders zu Frauen. Sein Befund ist, daß es in

Freuds Leben eine Reihe von Indizien dafür gibt, daß der Erfinder der Psychoanalyse, dem wir so viel neues Wissen über die Kindheit verdanken, als Kind selber massiven Störungen, ja Traumatisierungen ausgesetzt war, die er nie wirklich durchgearbeitet und verstanden hat. Insbesondere die Beziehung zu seiner Mutter scheint schwer belastet gewesen zu sein, was wiederum Einfluß auf seine späteren Beziehungen zu anderen Menschen hatte. Auch wenn man Kollbrunners psychobiographische Befunde mit der nötigen Zurückhaltung zur Kenntnis nehmen sollte – letztlich bewegt man sich auf einem Feld mehr oder minder plausibler Mutmaßungen –, ist doch andererseits schwerlich zu übersehen, daß Freuds privates Leben alles andere als unkompliziert und unbelastet war. Die Schwäche der traditionellen Freud-Biographik liegt darin, daß sie Freuds Krebs als schlichtes Faktum akzeptiert und ansonsten gern betont, wie heroisch und gefaßt Freud für den Rest seines Lebens mit der Krankheit umgegangen ist.

Die letzten Jahre

Richtig ist, daß Freud auch nach 1923 über genügend physische und psychische Vitalität verfügte, um sein geistiges Lebenswerk fortzuführen und zu vollenden. Einige seiner bedeutendsten und großartigsten Schriften verfaßte er als alter Mann, so die religionskritische Polemik *Die Zukunft einer Illusion* (1927), das kulturtheoretische Buch *Das Unbehagen in der Kultur* (1930) und den »historischen Roman« über den jüdischen Religionsgründer Moses, der im Jahr seines Todes (1939) erschien. Mit dem berühmten Physiker und Nobelpreisträger Albert Einstein tauschte er sich 1932 über die Frage aus, warum es immer wieder Kriege gibt und wie man diese künftig verhindern könne. Und schließlich darf man nicht vergessen, daß Freud als inzwischen berühmter Mann nicht nur eine ausgedehnte internationale Korrespondenz führte – er war stets ein hingebungs- und glanzvoller Briefschreiber –, sondern auch bis zum Sommer 1939 Patienten sah. Die größte praktische und emotionale Stütze in seinen letzten Jahren war ihm seine jüngste Tochter Anna, die selber den Beruf der Analytikerin gewählt hatte.

1930 wurde Freud mit dem Goethe-Preis der Stadt Frankfurt am Main ausgezeichnet. 1936, im Jahr seines achtzigsten Geburtstags, zu dem Thomas Mann den Festvortrag hielt, wurde er zum korrespondierenden Mitglied der exklusiven Royal

Society gewählt, worauf er besonders stolz war. Aber auch derlei öffentliche Ehrungen konnten nicht verhindern, daß Freuds Lebenswerk, die Psychoanalyse und ihre Institutionen, in Österreich immer mehr in Bedrängnis geriet. Bereits 1933 waren Freuds Werke, zusammen mit denen anderer jüdischer und linker Autoren wie Bertolt Brecht, Heinrich Heine, Franz Kafka, Karl Marx und Kurt Tucholsky, im nationalsozialistischen Nachbarland Deutschland öffentlich verbrannt worden. Im März 1938 spitzte sich die Lage dramatisch zu, als Hitler Truppen in Österreich einmarschieren ließ und dessen »Anschluß« ans Deutsche Reich proklamierte. Durch Wien ging eine Welle brutaler antisemitischer Repressalien. Auch Freuds Haus wurde durchsucht, seine Tochter Anna vor die Gestapo zitiert, deren Fängen sie mit knapper Not entging. Dem alten Mann war klar, daß jetzt keine Zeit mehr zu verlieren war und er sich auf die Emigration vorbereiten mußte. Mit Hilfe einflußreicher Freunde und auf dem Wege diplomatischer Interventionen gelang es der Familie Freud, im Juni 1938 über Paris nach London auszureisen, wo Freud die letzten fünfzehn Monate seines Lebens verbrachte – sein Wunsch, »to die in freedom«, in Freiheit zu sterben, ging in Erfüllung. Er beendete und publizierte noch sein Buch über den *Mann Moses*, gründete einen eigenen Verlag, die Imago Publishing, in dem seine *Gesammelten Werke* erscheinen sollten, und starb am 23. September 1939, nachdem sich herausgestellt hatte, daß das Karzinom nicht mehr operabel war. An Oskar Pfister hatte er einst geschrieben:

»Im Harnisch laßt uns sterben, wie König Macbeth sagt.« Bis zuletzt liebte es Freud, sein Leben mit Metaphern des Wagemuts und des heroischen Kampfes zu charakterisieren – und seine Biographen haben es ihm nachgetan.

Freud, Berlin 1928

Freuds Werk – eine Revolution der Denkungsart

Ein unbekannter Freud: der Naturwissenschaftler

Wer an die Psychoanalyse denkt, denkt wahrscheinlich zuerst an den Patienten auf der berühmten Couch, der in Gegenwart eines eher schweigsamen und abstinenten Psychoanalytikers vielleicht zunächst stockend anfängt, von sich und seinem Leben, von seinen Schwierigkeiten und Konflikten in Alltag, Familie und Beruf zu erzählen. Die von Freud begründete Psychoanalyse gilt nicht zuletzt als *Redekur*, als ein therapeutisches Verfahren des Erinnerns und Durcharbeitens, in dessen Verlauf im günstigen Fall weit zurückliegende und scheinbar vergessene lebensgeschichtlich prägende Ereignisse nach und nach zur Sprache kommen und mit neuen Bedeutungen versehen werden, die dem Patienten vorher nicht bewußt waren. Das sprachliche Material (oft Phantasien), welches der Patient im Verlauf eines längeren Prozesses produziert, kann er in der Übertragungssituation gemeinsam mit dem Analytiker womöglich so organisieren und interpretieren, daß sich daraus ein Sinn oder eine Einsicht ergibt, die es ihm erlauben, sein psychisches Leben in einem anderen Licht zu sehen als zuvor. Insofern kann man mit Recht sagen, daß die Psychoanalyse eine Hermeneutik ist, die Kunst, neue Sinnzusammenhänge zu erkennen.

Dabei wird freilich häufig übersehen, daß Freud als Erfinder dieser Hermeneutik ursprünglich von

der naturwissenschaftlich geprägten Medizin herkommt – eine Orientierung, die er nie aufgegeben hat – und daß er auf diesem Gebiet Hervorragendes geleistet hat. Bereits als Student verfaßte Freud zoologische Arbeiten, etwa über die Lappenorgane des Aals, die in den Augen seiner Professoren offenbar so gut waren, daß sie in den Sitzungsberichten der Akademie der Wissenschaften in Wien veröffentlicht wurden. Im Physiologischen Laboratorium Ernst Wilhelm von Brückes, der neben Emil Du Bois-Reymond und Hermann von Helmholtz zu den führenden Vertretern der berühmten Berliner Physikalischen Gesellschaft gehörte, tat er sich auf dem Gebiet der Neurohistologie hervor und entwickelte verbesserte Präparationstechniken. Auch auf dem Feld der Neuroanatomie und Neuropathologie, das ihm der bedeutende Gelehrte Theodor Meynert eröffnete, leistete Freud Beachtliches und wurde dafür mit dem akademischen Titel eines Privatdozenten belohnt. Erst kürzlich kam ausgerechnet *Der Spiegel*, der sonst keine Gelegenheit ausläßt, die Psychoanalyse mit Häme zu überziehen, mit einem Heft heraus (Nr. 16/2005), in dem unter dem Titel »Hatte Freud doch recht? Hirnforscher entdecken die Psychoanalyse« Freuds Pionierleistung für die heutigen Neurowissenschaften hervorgehoben wird. Inzwischen stellen Hirnforscher fest, daß es eine Reihe von Schnittstellen und Entsprechungen zwischen den beiden ursprünglich getrennten Theorieansätzen von Psychoanalyse und Neurowissenschaften gibt, die sich nicht zuletzt mit Freuds frühen naturwissenschaftlichen

Ernst Wilhelm von Brücke (1819–1892)

Forschungsarbeiten verbinden lassen, die auf die Konstruktion einer Art von Neuronenmaschine hinauslaufen. Allerdings bleibt weiterhin unklar, ob das, was Freud später das Unbewußte nennen sollte, aus einer neurowissenschaftlichen Perspektive wirklich angemessen zu erfassen ist. Aber hier geht es zunächst einmal nur darum, daran zu erinnern, daß Freud nicht nur ein Hermeneutiker der Seele, sondern auch ein Naturforscher der Seele war, der zeitlebens an der Überzeugung festhielt, daß die menschliche Psyche sozusagen in letzter Instanz ein neurophysiologisches bzw. biologisch-organisches Fundament habe.

Freuds Experimente mit Kokain

»Ich lese von Cocain, dem wirksamen Bestandteil der Cocablätter, welche manche Indianerstämme kauen, um sich kräftig für Entbehrungen und Strapazen zu machen. Ein Deutscher hat nun dieses Mittel bei Soldaten versucht und wirklich angegeben, daß es wunderbar kräftig und leistungsfähig mache. Ich will mir nun das Mittel kommen lassen und auf Grund naheliegender Erwägungen es bei Herzkrankheiten, ferner bei nervösen Schwächezuständen, insbesondere bei dem elenden Zustande bei der Morphiumentziehung (wie bei Dr. Fleischl) versuchen. Vielleicht arbeiten schon viele andere damit, vielleicht taugt es nichts. Aber das Versuchen will ich nicht unterlassen [...] das Temperament des Forschers braucht zwei Grundeigenschaften: Sanguinisch beim Versuch, kritisch bei der Arbeit.«

Freuds Kokainexperimente haben immer wieder viel Staub aufgewirbelt. Nicht nur wurde ihm vorgehalten, er sei selber zeitweise kokainabhängig gewesen, sondern vor allem auch, er habe seinen Kollegen Ernst Fleischl von Marxow in die Sucht getrieben. Freud, so der spätere Vorwurf, hätte wissen müssen, auf welch gefährliches Terrain er sich mit seinen Versuchen begeben habe. Sicher ist erstens, daß Freud als Forscher durchaus »sanguinisch« war, wie die Briefe an seine Braut bezeugen,

in denen er gelegentlich recht offen und hemmungslos von seinen Selbstexperimenten mit Kokain berichtet. Und zweitens, daß die suchterzeugende Eigenschaft des Kokains damals, also Mitte der achtziger Jahre des 19. Jahrhunderts, noch weithin unbekannt war. Freud forschte auf einem Gebiet, das Neuland bedeutete, und daß er als junger Wissenschaftler ehrgeizig war und etwas entdecken wollte, »was die Welt in Atem hält«, kann man ihm kaum vorwerfen.

Freuds Studie *Über Coca* (1884), die erste und wichtigste von insgesamt fünf Arbeiten zu diesem Thema, präsentiert sich als eine Schrift, die in ihrer wissenschaftlichen Seriosität über alle Zweifel erhaben ist und ihm zu Recht den Ruf eingetragen hat, etwas Neues und Wertvolles gefunden zu haben. Allerdings hatte er damit gleich in doppelter Weise Pech. Zum einen hoffte und glaubte er, er könne mit der Verabreichung von Kokain seinen morphiumabhängigen Kollegen Ernst Fleischl von seiner Sucht kurieren, was sich bald als Fehlschlag erwies – Fleischl tauschte nur die eine Abhängigkeit gegen eine andere ein, und Freud brauchte eine Weile, um das Desaster zu erkennen. Zum andern war Freud umständehalber nicht in der Lage, die richtigen Konsequenzen aus seinen Forschungen zu ziehen. Am Ende der Kokain-Schrift heißt es: »Anwendungen, die auf der anästhesierenden Eigenschaft des Cocains beruhen, dürften sich wohl noch mehrere ergeben.« Aber genau hier, auf dem Feld der Anästhesie, kam Freud zu spät. Denn inzwischen hatte der Wiener Ophthalmologe Carl

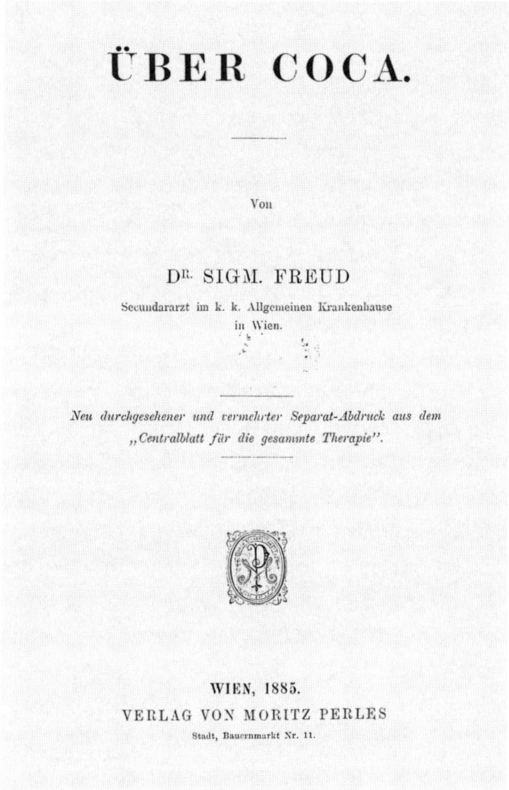
ÜBER COCA.

Von

DR. SIGM. FREUD

Secundararzt im k. k. Allgemeinen Krankenhause
in Wien.

Neu durchgesehener und vermehrter Separat-Abdruck aus dem „Centralblatt für die gesammte Therapie".

WIEN, 1885.
VERLAG VON MORITZ PERLES
Stadt, Bauernmarkt Nr. 11.

Titelseite der Schrift *Über Coca*, 1885 (zuerst 1884)

Koller, durch Freuds Arbeit auf das Kokain aufmerksam geworden, die lokalanästhetische Wirkung des Kokains am Auge entdeckt und seine Entdeckung umgehend veröffentlicht. Koller wurde über Nacht berühmt und für seine bahnbrechende Leistung – die Einführung der Lokalanästhesie in der Chirurgie – in der ganzen Welt gefeiert. Zwar vergaß Koller nicht, Freuds wichtige Vorarbeit, die ihn erst auf die richtige Spur gebracht hatte, zu erwähnen, aber für Freud blieb unterm Strich nur eine große Enttäuschung, wie er in einem Brief an Minna Bernays andeutet: »Die Kokageschichte hat mir allerdings viel Ehre gebracht, aber doch den Löwenanteil anderen.«

Vielleicht hat auch Freuds späteres eigenes Verhalten mit dazu beigetragen, daß seine frühen Kokainexperimente und -schriften in ein leicht schiefes Licht gerieten. Gegenüber seinem ersten Biographen Fritz Wittels bagatellisierte er sie als »Allotrion«, und kurz vor seinem Tod bezeichnete er sie als »Jugendsünden« – das klingt fast so, als müsse er sich rückblickend für etwas entschuldigen. Abgesehen von dem therapeutischen Fehlschlag bei Fleischl, für den man ihn nur bedingt verantwortlich machen kann, hatte Freud als inzwischen berühmter Mann offenbar gewisse Probleme damit, rundheraus zuzugeben, daß ihn seinerzeit *auch* die psychotropen Eigenschaften des Kokains interessiert hatten. Jeder, der auch nur geringe Erfahrungen im Umgang mit Drogen gemacht hat, weiß von der enormen Faszination, die von der bewußtseinsverändernden Potenz von Drogen ausgeht. Freud indes zog es vor, darüber zu schweigen. Aber wie seine neurowissenschaftlichen Arbeiten bezeugen auch seine Kokainexperimente eindrücklich sein Talent zum Empiriker und Naturwissenschaftler.

Am Anfang war die Hysterie

Die Jahrzehnte vor und nach 1880 standen im Zeichen der europäischen Modekrankheit der Hysterie als einer Spezialform der Neurosen. Das bunte Bild der Hysterie mit ihren dramatischen Symptomen, das heute fast gänzlich verschwunden ist, hatte Freud nicht erst an der Klinik des berühmten Pariser Neurologen Jean-Martin Charcot kennengelernt, wo er 1885/86 einen mehrmonatigen Studienaufenthalt verbrachte. Schon 1882 hatte ihn sein Kollege Josef Breuer in den Fall der Patientin »Anna O.« (der später bekannt gewordenen Bertha Pappenheim) eingeweiht, deren rätselhafte Krankheitssymptome – Sprechhemmungen, Sehstörungen, Anästhesie der Extremitäten – zunehmend Freuds Aufmerksamkeit erregten. Im Zustand der Hypnose war es möglich, daß die Patientin über zurückliegende peinliche oder kränkende Erlebnisse berichtete, woraufhin bestimmte Symptome verschwanden – sie selbst erfand für diesen sie erleichternden Vorgang den Ausdruck »talking cure« (Redekur). Anhand dieses und anderer Hysteriefälle gelangten Freud und Breuer zu dem Schluß, daß die meisten Symptome von Hysterie traumatisch bedingt seien. Die 1895 gemeinsam publizierten *Studien über Hysterie* enthalten eine Reihe von Krankengeschichten, die sich, wie Freud verwundert notierte, »wie Novellen« lesen und eine »innige Beziehung zwischen Leidensgeschichte und Krank-

heitssymptomen« offenbaren. Den Historikern der Psychoanalyse gilt dieses Buch als das »Urbuch der Psychoanalyse« (Ilse Grubrich-Simitis).

Freud ging im folgenden aber noch einen Schritt weiter und ließ einen zweifelnden Breuer zurück. Je länger er sich mit hysterischen Patienten – nicht nur Frauen, sondern auch Männern – beschäftigte, desto stärker drängte sich ihm der Eindruck auf, daß in praktisch allen Fällen verdrängte sexuelle Erlebnisse eine zentrale Rolle spielten. Aus dieser Annahme, die Freud in seiner nervenärztlichen Praxis gut bestätigt glaubte, erwuchs die sog. Verführungstheorie. Sie besagt in vereinfachter Form, daß die passive sexuelle Verführung eines unschuldigen Kindes durch ältere Geschwister oder Erwachsene als unbewußte Erinnerung im Seelenleben zurück- und virulent bleibt. Wird diese Erinnerung im Zuge der sexuellen Reifung (Pubertät) wiederbelebt, gelangt sie zu traumatischer Wirksamkeit und wird so zur spezifischen Quelle und Ursache der Hysterie.

Im Zuge seiner Selbstanalyse, die er im intimen Austausch mit seinem Freund Wilhelm Fließ betrieb, mußte Freud allerdings nach und nach erkennen, daß seine Hypothese von der ausschließlich sexuellen Ursache der Neurosen falsch war. Es stellte sich nämlich heraus, daß die therapeutischen Erfolge auf der Basis dieser Hypothese unbefriedigend waren, und vor allem, daß in sämtlichen Hysteriefällen, die er behandelte, ausnahmslos der Vater als sexuell verführende und perverse Figur auftauchte – gerade dies letztere leuchtete Freud

immer weniger ein. In einem vielzitierten Brief an Fließ heißt es: »Ich glaube an meine Neurotica nicht mehr. [...] Dann die Überraschung, daß in sämtlichen Fällen der *Vater* als pervers beschuldigt werden mußte, mein eigener nicht ausgeschlossen, die Einsicht in die nicht erwartete Häufigkeit der Hysterie, wo jedesmal dieselbe Bedingung erhalten bleibt, während doch solche Verbreitung der Perversion gegen Kinder wenig wahrscheinlich ist. [...] drittens die sichere Einsicht, daß es im Unbewußten ein Realitätszeichen nicht gibt, so daß man die Wahrheit und die mit Affekt besetzte Fiktion nicht unterscheiden kann.« Und nur wenig später, im Oktober 1897, schreibt Freud an Fließ: »Ein einziger Gedanke von allgemeinem Wert ist mir aufgegangen. Ich habe die Verliebtheit in die Mutter und die Eifersucht gegen den Vater auch bei mir gefunden und halte sie jetzt für ein allgemeines Ereignis früher Kindheit [...].« Mit dieser neuen Einsicht war die Verführungstheorie, die vom Kind als Opfer eines sexuellen Gewaltakts ausgeht, für Freud weitgehend erledigt und ein neues psychologisches Paradigma geboren.

Die Macht der Phantasie

Mit der Aufgabe der Verführungstheorie hat Freud nicht zugleich auch bestritten, daß es sexuelle Verführung und sexuellen Mißbrauch tatsächlich gibt – dazu war er ein viel zu guter Beobachter. Aber er stellte fortan in Frage, daß die Entstehung von Neurosen grundsätzlich nur mit realen traumatisierenden Vorfällen zusammenhängt. Indem er an die Stelle der Realität die Macht und die Leistungen der Phantasie setzte, die bei jedem Individuum wirksam sind, fand er eine wesentlich realitätsgerechtere Erklärung dafür, daß Menschen neurotisch werden. Denn jetzt konnte z. B. auch verstanden werden, daß und warum jemand, der in seiner Kindheit nie sexuell traumatisiert worden ist, gleichwohl zum Neurotiker werden kann. Die Freudsche Revolution der Denkungsart besteht nicht zuletzt darin, daß sie von der Annahme einer infantilen Sexualität ausgeht, daß es mit anderen Worten bereits beim Kind spontane und autonome Ausdrucksformen der Sexualität gibt, die nicht erst von Erwachsenen stimuliert werden müssen, um phantasmatisch bearbeitet zu werden. Waren es bis dahin äußere Ereignisse, die die Sexualität in die unschuldig-heile Welt des Kindes hineintrugen, so galt jetzt, daß das Kind selber aus inneren Bedürfnissen dafür empfänglich ist. Jedes Kind (und jeder Mensch), so Freuds neue Hypothese, wünscht und phantasiert und verknüpft diese Wünsche und Phantasien mit realen Personen, mit Eltern, Geschwistern und Bekannten. Und je nachdem, in welcher Form sie im weiteren Verlauf der psychosexuellen Entwicklung verarbeitet und an welcher Stelle sie fixiert werden, sprechen wir von psychischer Gesundheit oder von Neurose.

Lange nach Freuds Tod, in den achtziger und neunziger Jahren des 20. Jahrhunderts, als in der westlichen Welt, vor allem in den USA, das Thema des sexuellen Mißbrauchs in Mode kam, erlebte die Verführungstheorie eine seltsame Wiederauferstehung. Plötzlich entdeckten zahllose Patienten, die bei irgendwelchen therapeutischen Quacksalbern in Behandlung waren, nach Jahrzehnten, daß sie als Kinder sexuell mißbraucht worden waren, angeblich – man sprach von *recovered memories*. Freud wurde vorgeworfen, er habe es seinerzeit an Mut und Standfestigkeit mangeln lassen, die Verführungstheorie gegen die massive Kritik seiner Kollegen zu verteidigen, und sie deshalb aufgegeben. Dabei wurde geflissentlich übersehen, daß Freuds Theorie der infantilen Sexualität mit ihren weitreichenden Implikationen, die das Drama des Individuums in dessen Inneres selbst verlegen und nicht an eine äußere Instanz delegieren, weitaus unpopulärer ist als die Vorstellung von einer bösen Welt und von bösen Erwachsenen. Die Rückkehr zur Verführungstheorie, die heute schon wieder Geschichte ist, kann man gut freudianisch als Regression bezeichnen, d. h. als einen Vorgang, bei dem differenzierte Einsichten zugunsten des Bedürfnisses nach einfachen und scheinbar handfesten Erklärungen aufgegeben werden.

Sexualität

Kein Vorurteil ist verbreiteter als die Behauptung, Freud habe *alles* auf den Sex reduziert und die Freudsche Sprache sei durch und durch sexualisiert – zum Schaden der Sache, aber auch zum Schaden der Öffentlichkeit. Dabei sollte man sich lieber zuerst einmal klarmachen, daß es keinen Autor vor Freud und nur wenige Autoren nach Freud gab, die so angemessen über Sexualität gesprochen haben wie er. Wie kaum einem anderen gelang es ihm, die Sprache der Sexualität einerseits aus dem Korsett ihrer medizinisch-technischen Verdinglichung zu befreien und sie andererseits in eine Sprache zu transformieren, die weder moralisierend und belehrend noch anzüglich und zotig, noch frivol oder hämisch ist. Wenn Freud über Sexualität spricht, dann tut er es nüchtern, unprätentiös, unverstellt, manchmal witzig, aber immer zur Sache, die ihm freilich viel mehr ist als nur eine Sache. Diese sprachschöpferische Leistung, die das Gegenteil dessen ist, was man unter einer sexualisierten Sprache versteht, kann man gar nicht hoch genug veranschlagen, wenn man sich z. B. vor Augen führt, wie verkommen und schamlos die sexuelle Zeichen- und Bildersprache der Medien heutzutage ist. Freud hat auch in dieser Hinsicht Maßstäbe gesetzt, die vor ihm und nach ihm fast immer unterboten worden sind.

Tatsache ist, daß Freud der Sexualität, nicht zuletzt der infantilen Sexualität, eine herausragende Bedeutung für das menschliche Leben eingeräumt hat, die zuvor unbekannt war. Ihre Bedeutung liegt darin, daß es Freud zufolge so gut wie keine Lebensäußerung gibt, die – ob bewußt oder unbewußt – nicht mit Begierden, Wünschen und Phantasien zu tun hat, die sich auf ein Objekt beziehen, das in irgendeiner Weise libidinös besetzt ist. Selbst in Äußerungen, die von der Sphäre des Sexuellen scheinbar weit entfernt sind, kann man geheime oder verpönte Triebwünsche am Werk sehen, wenn man bereit ist zuzugeben, daß solche Wünsche in der Regel nicht direkt und offen, sondern verstellt, gleichsam verkleidet auftreten. Freud hat diese Verstellungs- und Verkleidungskünste der menschlichen Psyche und ihrer Bedürfnisse an den Phänomenen des Traums, des Witzes und der Fehlleistungen im Alltagsleben demonstriert. Im Traum, im Witz, beim Versprechen darf etwas gesagt werden, dessen direkte Äußerung sich verbietet– und es ist banal und selbstverständlich, daß es sich dabei häufig um sexuell konnotierte Dinge handelt, wie jedermann an sich selbst überprüfen kann.

Die Freudsche Theorie des Unbewußten operiert also mit einem erweiterten Sexualitätsbegriff, der die landläufige Vorstellung von Sexualität weit hinter sich läßt, weil er alle mit Spannungsabfuhr oder Lust verbundenen Bedürfnisbefriedigungen mit einbezieht, einschließlich solcher, die auf kompliziertem Umwegen oder in kompromißhafter Gestalt erreicht werden. Der Gewinn dieses neuen,

umfassenden Begriffs von Sexualität liegt einfach darin, daß er Bezirke des menschlichen Seelenlebens erschließt, die bis dahin dem Bereich des Unverständlichen, Unsinnigen und Irrationalen zugeschlagen wurden. Seit Freud wissen wir nicht nur, *daß* Träume einen Sinn haben, sondern auch, *mit welchen Mitteln* sie diesen Sinn produzieren.

Aber Freud hat unser Denken und Sprechen über die Sexualität auch insofern revolutioniert, als er das scheinbar Selbstverständliche und Naturgegebene gründlich in Zweifel zog, z.B. die Heterosexualität als den *natürlichen Chemismus* zwischen Männern und Frauen. So heißt es in einer später hinzugefügten Anmerkung zu den *Drei Abhandlungen zur Sexualtheorie*: »Der Psychoanalyse erscheint [...] die Unabhängigkeit der Objektwahl vom Geschlecht des Objektes, die gleich freie Verfügung über männliche und weibliche Objekte, wie sie im Kindesalter, in primitiven Zuständen und frühhistorischen Zeiten zu beobachten ist, als das Ursprüngliche, aus dem sich durch Einschränkung nach der einen oder der anderen Seite der normale wie der Inversionstypus entwickeln. Im Sinne der Psychoanalyse ist also auch das ausschließlich sexuelle Interesse des Mannes für das Weib ein der Aufklärung bedürftiges Problem und keine Selbstverständlichkeit.« Mit dieser neuen Sicht der Dinge, die in der ersten Hälfte des 20. Jahrhunderts einem Tabubruch gleichkam, schlug Freud eine Bresche in die Phalanx von Vorurteilen, denen zufolge etwa Homosexualität als schwere Perversion galt, vor der man die Gesellschaft schützen müsse – man den-

ke nur an den spektakulären Prozeß gegen den Schriftsteller Oscar Wilde. Es spricht für Freuds liberale und entspannte Haltung in diesen Dingen, daß er eine wegen ihres homosexuellen Sohnes besorgte Mutter mit dem Hinweis beruhigte, das sei doch halb so schlimm, und Homosexualität sei keineswegs eine Krankheit. Insgesamt bemühte sich Freud um den Nachweis, daß all das, was gemeinhin zum Bereich der Perversionen gezählt wird, zumindest als Möglichkeit auch beim sogenannten Normalen existiert, wie er überhaupt zeigte, daß Norm und Abweichung, Gesundheit und Krankheit nur relative Größen und keine absoluten Gegensätze sind. Schließlich sollte auch nicht vergessen werden, daß Freud sich mit bemerkenswerter Deutlichkeit gegen die »›kulturelle‹ Sexualmoral« seiner Epoche wandte, die den jungen Männern und Frauen strikte sexuelle Enthaltsamkeit predigte und sie so, wie Freud überzeugt war, geradewegs in die Neurose treibe.

Eine typische Freud-Karikatur aus den 1970er Jahren

Was ist das Unbewußte?

Im allgemeinen Verständnis gilt Freud als der Entdecker des Unbewußten. Das ist einesteils richtig und trifft doch auch wieder nicht ganz zu. Denn bereits in dem Jahrhundert vor Freuds *Traumdeutung*, der eigentlichen Gründungsakte der Psychoanalyse, gab es eine Reihe von Naturforschern und Philosophen, die vom Unbewußten sprachen – Friedrich Wilhelm Joseph Schelling, Carl Gustav Carus und Eduard von Hartmann etwa. Aber erst Freud gelang es, den passenden Schlüssel zu finden, mit dessen Hilfe der dunkle Bezirk des Unbewußten erschlossen werden konnte.

Unglücklicherweise ist das Unbewußte kein Ding, das man beobachten und messen kann wie einen physikalischen Gegenstand. Das Unbewußte ist strenggenommen lediglich eine Hypothese, eine Annahme, die ihre Plausibilität allein darin hat, daß Menschen ihr spontan zustimmen und sie bestätigen können. Hier bewegt man sich also ganz auf dem Feld der Hermeneutik, der Kunst des gelungenen Auslegens und Deutens von Reden, Erzählungen und Symptomhandlungen. Freud gewann den *Inhalt* des Unbewußten aus seiner therapeutischen Arbeit mit Patienten, bei denen er feststellte, daß das psychische Leben nicht auf das Bewußte reduzierbar ist und daß bestimmte Dinge erst nach der Überwindung von Widerständen dem Bewußtsein zugänglich werden. Diese Erfahrung, die er auch seiner Selbstanalyse verdankte, führte ihn allmählich zu der Erkenntnis, daß das Unbewußte sozusagen ein seelischer Ort ist, an dem verdrängte Inhalte, vor allem solche aus der infantilen Frühzeit des Individuums, aufbewahrt werden, die als solche nicht bewußtseinsfähig sind (und normalerweise auch nicht bewußtseinsfähig sein dürfen, weil man unter dieser Last zusammenbrechen würde). Erst wenn es der therapeutischen Arbeit und dem besonderen Ambiente, in dem sie stattfindet, gelingt, die Widerstände des Bewußtseins beim Patienten so zu lockern und so darauf hinzuwirken, daß dieser mehr von sich preisgibt, als er eigentlich preisgeben will – verborgene Wünsche, Phantasien, imaginäre Szenerien –, mag es möglich sein, eine Ahnung davon zu erlangen, was das Unbewußte ist. Die Macht des Unbewußten erweist sich darin, daß das sprechende Subjekt die Kontrolle über sein Sprechen verloren hat und daß es deshalb nicht mehr *Herr der Rede* ist: Nicht ich spreche, sondern *es spricht*. Das Unbewußte zeigt sich nie rein und abstrakt, sondern ausschließlich in seinen symbolisierungsfähigen Abkömmlingen: in der Bildersprache des Traums – Freud nannte den Traum den »Königsweg« zum Unbewußten –, in der Symptomsprache, in Versprechern und anderen Fehlleistungen des Alltagslebens, so daß man sagen kann, die Sprache sei der Erfüllungsort des Unbewußten. Wie das Kantische Ding an sich ist auch das Freudsche Unbewußte *an sich* unerkennbar; die Wahrheit seiner Existenz bleibt darauf angewiesen, daß Individuen übereinstimmend feststellen, da sei etwas zur

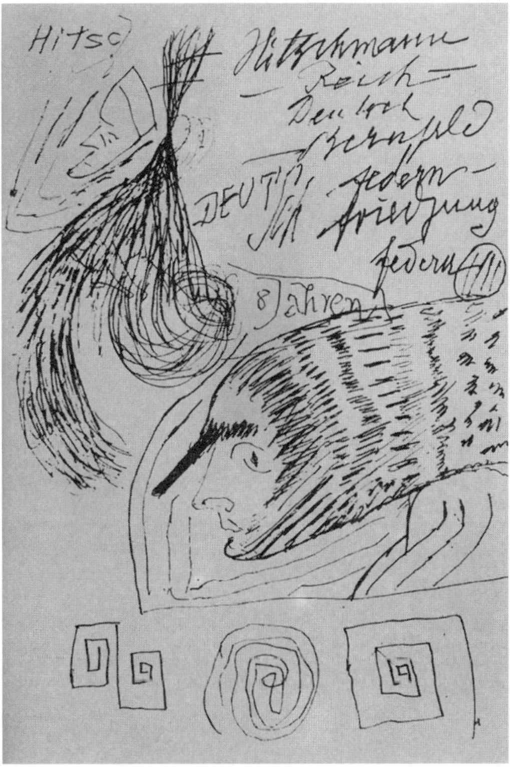

Kritzeleien Freuds
(aufbewahrt von Siegfried Bernfeld)

Sprache gekommen, das so noch nie gesagt werden konnte.

Eine Schwierigkeit beim Begriff des Unbewußten liegt darin, daß nicht ganz klar ist, wie es sich bildet. Einerseits nahm Freud an, daß das Unbewußte und seine Inhalte aus einer Folge von Niederschriften im psychischen Apparat bestehen, die mehr oder weniger der notwendigen Verdrängung anheimfallen, eben unbewußt werden. In diesem Fall könnte man meinen, daß das Verdrängt-Unbewußte etwas lebensgeschichtlich Erworbenes und daher etwas höchst Individuelles sei. Andererseits liebäugelte Freud immer wieder mit dem Gedanken, daß bereits vor dem individuellen Erwerb unbewußter Inhalte eine Art »Urverdrängung« stattgefunden habe, bei der es um phylogenetische, vom Individuum nicht erworbene Inhalte geht, die den eigentlichen Kern des Unbewußten ausmachen. In welcher Beziehung eine solche phylogenetisch angelegte Urverdrängung zu einer je individuellen Verdrängung steht und wie jene auf diese einwirkt und sich geltend macht, bleibt eine offene Frage.

Die Psychoanalyse ist eine Wissenschaft

Das bis heute bekannteste Werk Freuds ist *Die Traumdeutung* (1900). Dieses Buch, das sein Autor bei jeder weiteren Auflage um neues Material ergänzte, ist nun aber interessanterweise eines, das sich sehr weit von dem entfernt, was Freud all die Jahre beschäftigt hatte, nämlich die Frage nach der Herkunft der Neurosen. Wie bereits der Titel signalisiert, geht es in der *Traumdeutung* um einen Gegenstand, der nicht mehr um die Thematik von psychischer Krankheit und psychischer Gesundheit zentriert ist, sondern einem ganz anderen Register angehört. Daß der Mensch träumt und daß diese Tätigkeit interpretationsbedürftig und -fähig ist, ist keine Sache des ärztlichen Interesses. Vielmehr tritt uns in der *Traumdeutung* der Mensch, das träumende Tier, als Träger eines Allgemeinen gegenüber, das zeitlich wie räumlich universell ist und insofern der Sphäre des Normalen und Gesunden zugerechnet werden muß. Auch die beiden nächsten großen Buchpublikationen Freuds, *Zur Psychopathologie des Alltagslebens* (1901) und *Der Witz und seine Beziehung zum Unbewußten* (1905), erfüllen dieses Kriterium. Etwa zwanzig Jahre später schrieb Freud: »Ursprünglich beabsichtigte die analytische Forschung ja nichts anderes als die Entstehungsbedingungen [...] einiger krankhafter Seelenzustände zu ergründen, aber in dieser Bemühung gelangte sie dazu, Verhältnisse von grundlegender Bedeutung aufzudecken, geradezu eine neue Psychologie zu schaffen, so daß man sagen mußte, die Giltigkeit solcher Funde könne unmöglich auf das Gebiet der Pathologie beschränkt sein.«

Dieser fundamentale Richtungswechsel des Freudschen Forschungsinteresses ist nun freilich alles andere als zufällig, zumindest im Rückblick. Betrachtet man Freuds Werk von seinem Ende her, dann erscheinen seine neuropathologischen und neurosentheoretischen Anfänge lediglich als Vorstufen einer Entwicklung, die sich immer weiter von der Klinik entfernte, auch wenn Freud den Kontakt dazu nie verlor. Alles deutet darauf hin, daß Freud bereits um die Jahrhundertwende die Konzeption jener allgemeinen Psychologie im Kopf hatte, die er in den folgenden Jahren und Jahrzehnten immer konsequenter ausbauen sollte. Die Psychoanalyse, um es auf den Punkt zu bringen, ist in diesem Verständnis keine Therapeutik, sondern eine wissenschaftliche Psychologie, die beansprucht, die Funktionsweise des menschlichen Seelenlebens so umfassend wie möglich darzulegen und zu erklären. In der *Neuen Folge der Vorlesungen zur Einführung in die Psychoanalyse*, einer von Freuds populären Schriften, heißt es: »Ich sagte Ihnen, die Psychoanalyse begann als eine Therapie, aber nicht als Therapie wollte ich sie Ihrem Interesse empfehlen, sondern wegen ihres Wahrheitsgehalts, wegen der Aufschlüsse, die sie uns gibt über das, was dem Menschen am nächsten geht, sein eigenes Wesen.«

Mit der Wende von der Psychopathologie zur Psychoanalyse als Wissenschaft bahnte sich ein innerpsychoanalytischer Konflikt an, der bis heute nicht wirklich beigelegt ist. Der soziale Ort der Wissenschaft ist bekanntlich die Universität. Dieser Weg aber war Freud aus Gründen, die oben bereits genannt worden sind, versperrt. Als universitätsferner Privatgelehrter war Freud vielmehr darauf angewiesen, seine neue Psychologie gleichsam nebenher, d.h. neben seiner ärztlichen Privatpraxis, zu betreiben. Was Freud in seiner Person gelang – die Verbindung von Broterwerb und unentgeltlicher wissenschaftlicher Tätigkeit als Freizeitforscher –, kam für die meisten seiner Schüler und Mitarbeiter allerdings nicht in Frage. Als niedergelassene Ärzte, für die die Psychoanalyse in erster Linie ein therapeutisches Instrument ist, entwickelten sie im Laufe der Zeit ein ärztliches Standesbewußtsein, das sich eher schlecht als recht mit Freuds wissenschaftlichem Anspruch vertrug. Dieser »soziologische Konstruktionsfehler«, so die treffende Formulierung des Historikers Michael Schröter, begleitet (und belastet) die Psychoanalyse bis heute.

Der Arzt, der keiner sein wollte

Aber nicht nur sein Interesse als Forscher und Wissenschaftler entfernte Freud immer weiter von der ärztlichen Profession. Vielleicht kann man mit einem gewissen Recht sogar sagen, daß bei Freud eine ausgeprägte affektive Abneigung gegen die Tätigkeit des Arztes bestand, worauf zumindest einige Selbstaussagen hindeuten. So betonte er etwa, er sei nie »ein therapeutischer Enthusiast« gewesen, und seinen Kollegen und Freund Sándor Ferenczi tadelte er ausdrücklich dafür, daß dieser sich mit zu viel emotionalem Engagement um seine Patienten kümmere. Als Karl Abraham ihn einmal fragte, wie er es neben seiner Praxis noch schaffe, Bücher zu schreiben, antwortete Freud, beim Schreiben könne er sich noch am besten von der therapeutischen Arbeit erholen – einer Arbeit, die er gelegentlich abschätzig als »Mohrenwäsche« bezeichnete, d.h. als eine mehr oder weniger sinnlose und vergebliche Bemühung. Es scheint keine allzu große Übertreibung zu sein, wenn man feststellt, daß ihm seine Patienten hauptsächlich das empirische Material lieferten, das er brauchte, um seine wissenschaftliche Arbeit voranzutreiben. Im Fall einer Patientin verteidigte Freud die Veröffentlichung ihrer Krankengeschichte mit dem Hinweis, der Arzt habe nicht nur Pflichten gegenüber seinen Patienten, sondern auch »gegen die Wissenschaft«.

Psychotiker hielt er grundsätzlich für nicht therapierbar, trotzdem plädierte er dafür, sie in Behandlung zu nehmen, weil es der Wissenschaft nütze. Über eine andere Patientin, die von ihrem Analytiker weggelaufen war, äußerte er mit einem Anflug von Zynismus, sie sei zwar »jenseits jeder therapeutischen Chance«, aber sie habe die Pflicht, »sich der Wissenschaft zu opfern«. Als alter Mann bekannte Freud schließlich: »Nach 41jähriger ärztlicher Tätigkeit sagt mir meine Selbsterkenntnis, ich sei eigentlich kein richtiger Arzt gewesen. Ich bin Arzt geworden durch eine mir aufgedrängte Ablenkung meiner ursprünglichen Absicht, und mein Lebenstriumph liegt darin, daß ich nach großem Umweg die anfängliche Richtung wieder gefunden habe. Aus frühen Jahren ist mir nichts von einem Bedürfnis, leidenden Menschen zu helfen, bekannt [...]. Ich meine aber, mein Mangel an der richtigen ärztlichen Disposition hat meinen Patienten nicht sehr geschadet. Denn der Kranke hat nicht viel davon, wenn das therapeutische Interesse beim Arzt affektiv überbetont ist.«

In der 1926 publizierten Schrift *Die Frage der Laienanalyse* hat Freud den virulenten Konflikt zwischen der Psychoanalyse als Wissenschaft – der von ihm vertretenen Position – und der Psychoanalyse als ärztlicher Therapeutik – der von der Mehrzahl der Analytiker, vor allem der amerikanischen, eingenommenen Haltung – ein letztes Mal exemplarisch durchgefochten. Freud betont hier noch einmal seine Überzeugung, daß im Hinblick auf die Essentials des psychoanalytischen Wissens der

Unterschied zwischen Ärzten und Nichtärzten (Laien) ziemlich bedeutungslos sei: Beide Parteien seien gleichermaßen geeignet, Patienten in Behandlung zu nehmen, sofern sie sich an den kanonischen Wahrheiten der Wissenschaft vom Unbewußten orientierten. Worauf es vielmehr ankomme, sei die Differenz zwischen der *reinen Lehre* (=wissenschaftliche Psychologie) und deren diversen *Anwendungen*, etwa auf ärztlichem Gebiet, aber auch auf anderen Feldern. Damit hoffte Freud einer Entwicklung Einhalt zu gebieten, die vor allem in den USA sehr bald dazu führte, daß die Psychoanalyse immer mehr zu einer bloßen Unterabteilung von Medizin und Psychiatrie wurde. In der *Medizinalisierung* der Psychoanalyse sah Freud die größte Gefahr für seine Sache. Wenn man nach rund hundert Jahren Bilanz zieht, was aus der Psychoanalyse geworden ist, kommt man einerseits zu dem Ergebnis, daß ihre Medizinalisierung, etwa durch ihre Einbeziehung in das System der Krankenkassen, weit fortgeschritten ist. Auf der anderen Seite muß man allerdings feststellen, daß es immer noch die Psychoanalyse gibt – auch jenseits ihrer Vereinnahmung durch die Ärzte und Therapeuten.

Psychoanalyse als Konflikttheorie

Im Jahre 1908 veröffentlichte Freud eine kleine Schrift unter dem Titel *Die »kulturelle« Sexualmoral und die moderne Nervosität*, mit der er sich nicht an seine ärztlichen Kollegen, sondern an ein größeres Publikum wandte. Der Aufsatz enthält eine scharfe Abrechnung mit der herrschenden Sexualmoral der damaligen Zeit, mit ihren strengen Forderungen nach vorehelicher Abstinenz und ehelicher Monogamie, und illustriert drastisch, wohin eine solch strenge und einschränkende öffentliche Moral führt: in die Impotenz (beim Mann), die Frigidität (bei der Frau) und schließlich zur Perversion – alles in allem in die »moderne Nervosität«, d.h. die Neurose. In ihrer Sexualität unterdrückte und gehemmte Personen, schreibt Freud, seien aber nicht nur persönlich unglücklich, sondern darüber hinaus auch in ihrer beruflichen Tätigkeit und Durchsetzungsfähigkeit beschränkt, was ja wohl nicht der Sinn der Sache sein könne. Sein Fazit lautet: »Unsere Kultur ist ganz allgemein auf der Unterdrückung von Trieben aufgebaut.«

Damit schlägt Freud zum ersten Mal ein Thema an, das sich wie ein roter Faden durch sein gesamtes weiteres Werk zieht: Das Individuum ist an einer Schnittstelle angesiedelt, an der sich widersprüchliche Ansprüche und Forderungen kreuzen – in diesem Falle die Gebote und Verbote der Gesell-

schaft auf der einen Seite und der Anspruch auf individuelle Triebbefriedigung auf der anderen Seite. Um diesen Konflikt zu entschärfen, macht Freud den durchaus maßvollen Vorschlag, daß es im wohlverstandenen Interesse der Gesellschaft – Freud spricht vorzugsweise von »Kultur« – sei, wenn diese ihre rigiden Normen lockern und »ein gewisses Maß von individueller Glücksbefriedigung unter die Ziele unserer Kulturentwicklung« aufnehmen würde. Dies würde nicht nur den Menschen, sondern auch der Gesellschaft insgesamt zugute kommen.

In einem ersten Schritt thematisiert Freud also einen Konflikt zwischen Gesellschaft und Individuum. Hier ist es im wesentlichen die Außenwelt, die einschränkend und unterdrückend auf den Menschen einwirkt und seine Glücksmöglichkeiten behindert. Je länger Freud aber über die Sache nachdachte, desto stärker schien sich zu zeigen, daß es nicht bloß äußere Gründe sind, an denen das Individuum scheitern kann. Es macht die Eigentümlichkeit und Brisanz der Freudschen Psychologie aus, daß sie insgesamt dazu tendiert, Konflikte im Innern des Menschen selbst zum Gegenstand der Reflexion zu machen. So sind Lustprinzip und Realitätsprinzip als die zwei Hauptprinzipien des psychischen Funktionierens innere Kräfte, die sich einerseits ergänzen und wechselseitig modifizieren, die sich andererseits aber auch ablehnend und feindselig gegenübertreten können – in jedem Fall handelt es sich um Vorgänge, die sich im Individuum selbst abspielen, im Zweifel als unlösbarer Konflikt. Auch Freuds spätere Annahme von der

Existenz antagonistischer Lebens- und Todestriebe – erstmals formuliert in der Schrift *Jenseits des Lustprinzips* von 1920 – bezeichnet keinen Konflikt zwischen Innen und Außen, vielmehr einen innerpsychischen Kampf, der mit der Unvermeidlichkeit von Schuldgefühlen zusammenhängt. Zwar bleibt die *Kultur* mit ihren einschränkenden (und zugleich, wie Freud später immer wieder feststellt, auch überlebensnotwendigen) Funktionen aus der Sicht des einzelnen Menschen stets ein Stein des Anstoßes, aber der durch die Gesellschaft ausgeübte Zwang vermag letztlich nicht hinreichend zu erklären, warum Menschen liebesunfähig sind, warum sie zu Masochismus, Aggression und Selbstzerstörung neigen. Wie recht Freud damit hatte, die *Kultur* wenigstens ein Stück weit aus der Schußlinie zu nehmen, zeigt sich z.B. daran, daß auch unter den heutigen gesellschaftlichen Verhältnissen, in denen die Sexualität weitgehend enttabuisiert und zur Privatsache erklärt worden ist, die Menschen zwar freier sind, aber keineswegs glücklicher und zufriedener zu sein scheinen als zu Freuds Zeiten.

Das Unbehagen in der Kultur

Zu den interessantesten, zugleich aber auch schwierigsten Schriften, die Freud verfaßt hat, gehören diejenigen, die er der Entstehung und dem Funktionieren der menschlichen Kultur gewidmet hat. Kultur ist in Freuds Verständnis zunächst einmal der große Gegenspieler der menschlichen Triebe und Leidenschaften. Während das Individuum spontan danach strebt, seinen inneren Impulsen freien Lauf zu lassen, errichtet die Kultur gewisse Verbots- und Gesetzestafeln, die dafür sorgen, daß solche Impulse kanalisiert, sublimiert und in sozialverträgliches Verhalten umgewandelt werden. In *Totem und Tabu* (1912/1913) hat Freud den Ursprung der Kultur eindrucksvoll beschrieben: In grauer Vorzeit herrschte der Urvater unumschränkt über die Horde der Weibchen und der schwächeren Männchen, denen der sexuelle Zugang zu den Weibchen verboten war – diese standen allein dem gewalttätigen und schrecklichen Urvater zur Verfügung. Irgendwann waren es die Männchen leid, sich tyrannisieren zu lassen; sie taten sich zusammen, töteten den Vater und verschafften sich so den Zugriff auf die Weibchen. Zugleich aber wurden sie von Reue- und Schuldgefühlen über den Vatermord ergriffen, weshalb sie beschlossen, das Töten fortan zu tabuisieren und die Weibchen von außerhalb zu holen, um weitere Rivalitäten und Konkurrenzkämpfe zwischen den Männchen zu

verhindern. So erwuchsen aus dem Vatermord die ersten Formen der Sittlichkeit (»Du sollst nicht töten«) und des Sozialvertrags (Exogamiegebot), eben die Anfänge der Kultur.

Darüber hinaus konstruiert Freud eine Parallele, die es ihm erlaubt, Kulturentwicklung (Phylogenese) und individuelle Entwicklung (Ontogenese) in eine gemeinsame Perspektive zu rücken. So wie Kultur nur entstehen kann, wenn sich die beteiligten Individuen auf elementare Regeln des Zusammenlebens verständigen, indem sie auf bestimmte Dinge verzichten, so muß auch das Individuum im Zuge seiner Entwicklung infantile Bedürfnisse und Allmachtsphantasien hinter sich lassen und den *Ernst des Lebens* mit seinen Einschränkungen und Verzichten akzeptieren. Die Bildung gesellschaftlicher und psychischer Instanzen geschieht letztlich auf dem gleichen Wege – vom gesetzlos-anarchischen Trieb zu den Errungenschaften von Kultur, Gewissen und Moral.

Unabhängig davon, daß Freuds Annahmen über die Entstehung der menschlichen Kultur (der Urvatermord als tatsächliches historisches Ereignis) unter Ethnologen und Anthropologen höchst umstritten sind und manche Kritik auf sich gezogen haben, kann man festhalten, daß die Freudsche Kulturtheorie im weiteren eine Reihe von Problemen formuliert, die keineswegs erledigt sind. In ihrem Zentrum steht nämlich die Frage, warum auch die moderne Zivilisation trotz all ihrer unbezweifelbaren Errungenschaften und Fortschritte stets dazu tendiert, Konflikte mit Gewalt zu lösen.

Freuds Antwort darauf lautet, daß kein noch so großartiger kultureller Fortschritt verhindern könne, daß bei den Individuen psychische Dispositionen fortbestehen, die an den Zusammenhang von Gewalt und Gewaltverzicht erinnern. Im Unbewußten, so Freud, lebt die Erinnerung daran weiter, daß der Gründungsakt von Kultur, d. h. von Gewaltverzicht, seinerseits ein Gewaltakt ist, der psychisch nicht ungeschehen gemacht werden kann, sozusagen unsterblich ist. Deshalb, so Freuds weitere Schlußfolgerung, ist all das, was wir Kultur nennen, nur eine dünne Schicht, die jederzeit von atavistischen Leidenschaften durchbrochen werden kann, wie etwa der moderne Krieg beweist, unter dessen Schatten zivilisierte Menschen plötzlich wieder zu einer »Rotte von Mördern« werden.

Was am Ende bleibt, ist ein tiefes *Unbehagen in der Kultur*, wie der Titel einer der bekanntesten Schriften Freuds lautet. Die Herkunft dieses Unbehagens läßt sich vielleicht am ehesten dadurch erklären, daß der Mensch aus Überlebens- und Sicherheitsgründen einerseits die kulturellen Institutionen braucht, mit denen er sich auf Gedeih und Verderb arrangieren muß. Andererseits gibt er genau diesen Institutionen die Schuld daran, daß er nicht so sein darf, wie er eigentlich sein möchte, woraus Freud zufolge eine Haltung allgemeiner Kulturfeindlichkeit entsteht. Während zunächst Angst (vor Sicherheitsverlust) und Gewissen (Tötungsverbot) die Ursache von Impulszügelung und Triebverzicht bilden, kehrt sich später dieses Verhältnis um: »Jeder Triebverzicht«, schreibt Freud,

»wird nun eine dynamische Quelle des Gewissens, jeder neue Verzicht steigert dessen Strenge und Intoleranz.« Auf diese Weise tauscht der moderne Kulturmensch drohende äußere Gefahren gegen inneres Unglück, gegen die »Spannung des Schuldbewußtseins« ein. Was Freuds Theorie in ihrer Konsequenz so unbequem macht, ist die Einsicht in die Unentrinnbarkeit des Zusammenhangs von kulturellem Fortschritt, Triebverzicht und Schuldgefühlen. Die unerfreuliche Botschaft lautet mithin, daß der Mensch aus inneren Gründen nicht glücklich sein könne.

Letztlich war Freud davon überzeugt, daß es nur wenigen Menschen – einer Art vergeistigter Elite – möglich sei, den schwierigen Prozeß humaner Kultivierung schadlos zu bewältigen und den immer naheliegenden Ausweg der nach außen gewendeten Aggression oder der Selbstdestruktion zu vermeiden. Der großen Masse traute er diese Leistung nicht zu, und so heißt es am Schluß von *Das Unbehagen in der Kultur*: »Die Menschen haben es jetzt« – das war 1930, am Vorabend des Nationalsozialismus – »in der Beherrschung der Naturkräfte so weit gebracht, daß sie es mit deren Hilfe leicht haben, einander bis auf den letzten Mann auszurotten. Sie wissen das, daher ein gut Stück ihrer gegenwärtigen Unruhe, ihres Unglücks, ihrer Angststimmung.« Wer wollte ernsthaft bestreiten, daß diese Sätze auch heute unvermindert aktuell sind?

Eine narzißtische Kränkung

Freud verfügte über ein ziemlich ausgeprägtes Selbstbewußtsein, das er vor allem aus seinen herausragenden wissenschaftlichen Leistungen ableitete. Seine Erfindung, die Psychoanalyse, war in seinen Augen nicht irgendeine Psychologie, die dem vorhandenen psychologischen Wissen neue Erkenntnisse hinzufügt. Vielmehr war er zutiefst davon überzeugt, daß die Psychoanalyse den Blick auf den Menschen und seine *conditio humana* grundlegend verändert habe, und zwar so, daß der Mensch nunmehr in einem Licht erscheint, das seine prinzipielle Fehlbarkeit, Verletzbarkeit und Begrenztheit beleuchtet.

Das europäische 19. Jahrhundert, dem Freud selbst entstammt, war erfüllt vom Glauben an die Segnungen von Wissenschaft und Technik und an einen Fortschritt, der, wie es den Zeitgenossen schien, durch nichts und niemanden aufgehalten werden konnte. Die vielen bahnbrechenden technischen Erfindungen von der Eisenbahn bis zu Glühbirne und Telefon, die revolutionären Durchbrüche in den Naturwissenschaften, etwa in Chemie und Physik, die tiefgreifenden Verbesserungen auf dem Gebiet von Hygiene und Medizin – all das waren starke Anzeichen dafür, daß die Menschen dabei waren, sich zu den wirklichen Herren der Schöpfung aufzuschwingen und ein neues Kapitel in der Gattungsgeschichte aufzuschlagen.

In diese optimistische Fortschrittsstimmung platzte nun die Psychoanalyse. Natürlich war Freud nicht der einzige, der ein Gespür dafür entwickelt hatte, daß hinter der großartigen Fassade von Wissenschaft, Technik und Fortschritt Kräfte wirkten, die Anlaß zu Zweifel und Pessimismus boten. Gerade in den Werken namhafter Künstler und Schriftsteller der Epoche offenbarte sich eine tiefe Skepsis im Blick auf die Versprechungen der technischen Moderne und ihre scheinbar unbegrenzten Möglichkeiten – in ihnen erkannte Freud denn auch seine gleichsam natürlichen Verbündeten, wie man etwa an seinem Verhältnis zu dem Dichter Arthur Schnitzler, dem Autor der *Traumnovelle* und damals als anstößig und skandalös empfundener Theaterstücke wie *Liebelei* und *Reigen*, ablesen kann, dem er mit größter Bewunderung begegnete.

Freuds Haltung indessen kann man nicht einfach mit jenem Kulturpessimismus gleichsetzen, den es zu seiner Zeit zweifellos gab und den man auch heutzutage gelegentlich finden kann. Vielmehr gründeten seine Vorbehalte hinsichtlich der bewußten Entfaltungs- und Expansionsmöglichkeiten des Individuums in der prinzipiellen Einsicht, daß alles menschliche Tun von seelischen Kräften gelenkt und determiniert wird, die sich der bewußten Verfügung hartnäckig entziehen. Der Mensch ist Freud zufolge eben nicht in der Lage, jederzeit frei und autonom über sein Denken und Handeln zu entscheiden, weil er nicht zuletzt auch von dem abhängig ist, was ihm seine Wünsche, Größenphantasien und Selbstillusionen – Freud nennt sie

»fremde Gäste« – heimlich zuflüstern: Das Ich ist ein anderer. Wenn das keine Kränkung der Eigenliebe, des menschlichen Narzißmus ist!

Tatsächlich war Freud selbstbewußt genug, seine Psychologie des Unbewußten, die mit der Illusion der Allmacht des Subjekts aufräumt, in eine Reihe mit den wissenschaftlichen Revolutionen von Nikolaus Kopernikus und Charles Darwin zu stellen, denen er ebenfalls ein enormes Kränkungspotential attestierte. Kopernikus habe die bevorzugte Stellung der Erde (und damit des Menschen) im Kosmos grundsätzlich in Frage gestellt und gezeigt, daß sie nur ein winziger und unbedeutender Planet in unserem Sonnensystem sei – dieser Nachweis bedeute die erste, die »kosmologische Kränkung« für den Menschen. Darwin wiederum habe bewiesen, daß die behauptete Sonderstellung des Menschen im System der Natur insofern angemaßt sei, als dieser selbst »aus der Tierreihe hervorgegangen« und mit allen Anzeichen des Animalischen ausgestattet sei – indem der Mensch nun nicht mehr als bevorzugtes göttliches Geschöpf erscheint, sondern als das schlichte Resultat eines natürlichen Evolutionsprozesses, erfährt er seine zweite, die »biologische Kränkung«. (Eine Kränkung im übrigen, um das nebenher zu erwähnen, die auch heute in Teilen der bibelgläubigen Öffentlichkeit Amerikas noch keineswegs verwunden ist.)

Und nun die Psychoanalyse. Sie, schreibt Freud, habe zeigen können, »daß das Ich nicht Herr sei in seinem eigenen Haus«, womit der Mensch eine dritte, die »psychologische Kränkung« hinnehmen

müsse. Mit dieser letzten und, wie er glaubt, schwersten, von ihm selbst bewerkstelligten Kränkung bringt Freud zugleich den Widerstand gegen die Psychoanalyse in Verbindung. Denn für ihn ist klar, daß die Entmächtigung des Ich und des Bewußtseins durch die Psychologie des Unbewußten eine Sache ist, die bei den meisten Menschen zunächst auf spontanen Widerstand stößt. »Daher die allgemeine Auflehnung gegen unsere Wissenschaft, die Versäumnis aller Rücksichten akademischer Urbanität« – womit Freud auf die ihn kränkende Tatsache anspielt, daß es gerade die Universitäten waren, die in einer feindseligen Abwehrhaltung gegen die Psychoanalyse verharrten – »und die Entfesselung der Opposition von allen Zügeln unparteiischer Logik [...]«. Diesen Widerstand gegen die Psychoanalyse und das ihr innewohnende Kränkungspotential kann man im übrigen auch heute noch bei vielen Gelegenheiten gut beobachten. Jemand – und das ist keine erfundene, sondern eine wahre Geschichte – vertritt die Ansicht, die meisten Ärzte wählten ihren Beruf aus Angst vor Krankheit und Tod. Wenn man ihn dann darauf hinweist, dies sei ein durch und durch freudianisch inspirierter Gedanke, wehrt er diesen Hinweis mit allen Zeichen des Unverständnisses und der Empörung ab: Mit Freud habe er nun wirklich nichts am Hut. Die Geschichte zeigt nur, wie richtig Freud mit seiner Narzißmus-Diagnose lag.

»Mein geliebtes Deutsch«

Freud verstand sich, wie wir gesehen haben, in erster Linie als Wissenschaftler in der Tradition der großen Naturwissenschaftler des 19. Jahrhunderts – auf seine Abstammung aus dem Physiologischen Institut des berühmten Ernst Wilhelm von Brücke war er zeitlebens stolz; noch als alter und selber berühmter Mann bekannte er, Brücke sei die »größte Autorität« gewesen, die je auf ihn gewirkt habe. Auch sein Bild in der heutigen Öffentlichkeit ist weitgehend von diesem Selbstverständnis Freuds geprägt, wenn man etwa an die aktuellen Debatten über das Verhältnis von Neurowissenschaft und Psychoanalyse denkt. Dabei wird allerdings gern übersehen, daß Freud, bei aller Wissenschaftlichkeit (und auch Wissenschaftsgläubigkeit), die aus seinem Werk spricht, ein bedeutender, ja ein großer Schriftsteller war, dessen Prosa von einzigartiger sprachlicher Ausdruckskraft und von enormer Bildhaftigkeit und Lebendigkeit ist. Es ist nicht übertrieben, wenn man feststellt, daß Freud in die erste Reihe der deutschen Prosaschriftsteller des 20. Jahrhunderts gehört. Er verfügte mit der allergrößten Leichtigkeit über einen (wie schon einer seiner Gymnasiallehrer frühzeitig erkannte) »idiotischen« Stil, d.h. über einen eigenen und charakteristischen, kristallin-durchsichtigen Stil, der die Lektüre seiner Schriften und Briefe auch unabhängig von den mitgeteilten Inhalten zum uneingeschränkten Genuß für den Leser macht.

Dieser Aspekt von Freuds Werk ist nun alles andere als nebensächlich oder trivial. Wie für Goethes Doktor Faust war für ihn die Muttersprache, »mein geliebtes Deutsch«, gleichsam das Haus, in dem er wohnte. Und wie Faust war er hin- und hergerissen zwischen der Sprache des Sinns (Faust: »Im Anfang war der *Sinn*«) und der Sprache der Kraft (Faust: »Im Anfang war die *Kraft*«). Aus dieser Verwirrung oder Unentschiedenheit zwischen zwei Registern des Sprechens, des hermeneutischen und des naturwissenschaftlichen, bezieht die Freudsche Prosa jene eigentümlich geschmeidige und sinnliche Überzeugungsgewalt, die sie so unwiderstehlich macht.

Gerade für den Außenstehenden, der nicht mit seinem Werk vertraut ist und sich vielleicht aus allzu großem Respekt auch nicht daranwagt, dürfte es wichtig sein zu erfahren, daß der Autor Freud stets darum bemüht war, sich auch einem größeren, nicht nur einem wissenschaftlich vorgebildeten, Publikum verständlich zu machen. Freud nimmt seinen Zuhörer und Leser sozusagen bei der Hand, um ihn Schritt für Schritt in die Sache einzuführen. »Meine Damen und Herren!« – so beginnen die *Vorlesungen zur Einführung in die Psychoanalyse* – »Ich weiß nicht, wieviel die einzelnen von Ihnen aus ihrer Lektüre oder vom Hörensagen über die Psychoanalyse wissen. Ich bin aber durch den Wortlaut meiner Ankündigung – Elementare Einführung in die Psychoanalyse – verpflichtet, Sie so zu behandeln, als wüßten Sie nichts und bedürften einer ersten Unterweisung.« Nicht nur in dieser populären Schrift, die entsprechend hohe Aufla-

Freud um 1931

gen erreichte, tut er das in geradezu vorbildlicher Weise.

Dieses fast als demokratisch zu bezeichnende Interesse an Verständlichkeit, Nachvollziehbarkeit und Überprüfbarkeit seiner Gedanken und Theorien – die natürlich alles andere als simpel sind – hat im Fall Freuds eine Sprache hervorgebracht, deren Konkretheit und Sinnlichkeit, deren Reichtum an Metaphern und bildhaften Vergleichen es dem Leser leicht machen, auch schwierigen und komplizierten Gedankengängen zu folgen. Im Bedarfsfall wählt Freud statt eines Fremdwortes oder eines wissenschaftlichen Fachbegriffs immer ein deutsches Wort, auch wenn dies, wie manche Leute glauben machen wollen, auf Kosten der Wissenschaftlichkeit seines Werkes geht. Ganz im Gegensatz zum deutschen Original hat sich die englische Übersetzung – die seit Jahrzehnten in der sog. *Standard Edition*, besorgt von James Strachey, vorliegt und manche Vorzüge für sich reklamieren kann – auf zweifelhafte Weise darum verdient gemacht, die Freudsche Prosa so weit wie möglich in eine mehr oder minder abstrakte Wissenschaftsprosa zu verwandeln, was in vielen Fällen dazu führt, daß die Dinge eindeutiger und enger gefaßt sind als von Freud beabsichtigt und daß die literarische Qualität, die Freuds Texte im Original auszeichnet, insgesamt auf der Strecke bleibt. Die von Freud mit Bedacht gewählten deutschen Wörter und Begriffe – z. B. Trieb, Verdrängung, Verdichtung, Abwehr, Traumarbeit, Trauerarbeit, Ich, Über-Ich und Es (anstelle des lateinisch-englischen Ego, Superego und Id) – sorgen für eine Anschaulichkeit und Nähe zur Sache selbst, die in der um Wissenschaftlichkeit und Eindeutigkeit bemühten englischen Übersetzung verlorengehen. Eindeutigkeit und vermeintliche Exaktheit sind gerade im Falle des Freudschen Werkes keineswegs immer ein Vorteil, wenn man bedenkt, daß dessen zentraler Gegenstand, das Unbewußte, sich in der Regel alles andere als eindeutig und exakt manifestiert. Mehrdeutigkeit und entsprechende Auslegbarkeit sind, mit anderen Worten, bei Freud durchaus beabsichtigt.

Freud und die Dichter

Freud war, was für seine Generation und die soziale Schicht, der er angehörte, noch durchaus typisch war, klassisch gebildet. Lektüre und Kenntnis der großen Literatur und Philosophie von Sophokles, Platon und Augustinus über Dante, Shakespeare, Kant und Goethe bis zu bedeutenden Schriftstellern des 19. Jahrhunderts wie Balzac, Heine und Dostojewski waren gewissermaßen die Eintrittskarte ins Reich von Bildung und Wissenschaft, und Freud war auch in dieser Hinsicht ein Musterschüler. Es wäre freilich zu kurz gegriffen, Freuds Interesse speziell an den großen Werken der Literatur, die in seinen Schriften an prominenter Stelle auftauchen und zitiert werden, allein seinem bildungsbürgerlichen Habitus zuzuschreiben. Vielmehr kann man sicher sein, daß Freud ein ungewöhnlich waches Gespür dafür besaß, daß in den Werken der Weltliteratur all jene Fragen und Probleme, wenngleich in verdichteter Gestalt, verhandelt werden, um deren wissenschaftliche Aufklärung er sich als Psychoanalytiker bemühte. Im *König Ödipus*, im *Hamlet* und im *Faust* fand er genau den *Stoff*, aus dem nicht nur die Träume sind, sondern aus dem die psychische *conditio humana* schlechthin gewebt ist.

Thomas Mann, der Freud außerordentlich schätzte, hat einmal gesagt, Shakespeare sei der größte Psychoanalytiker, der je gelebt habe. Mit dieser

pointierten Formulierung bringt der Schriftsteller auf den Punkt, was auch andere vor ihm und nach ihm gesehen haben: nämlich die Nähe von Psychoanalyse und Literatur, die alles andere als zufällig ist. Was beide verbindet, ist ihre Offenheit für das, was bei Freud »Primärvorgang« heißt. Im primärprozeßhaften Denken – im psychoanalytischen Setting gefördert durch die Grundregel des freien Assoziierens, des Zulassens von spontanen, unverbundenen Einfällen, von Phantasien und Wünschen – entstehen *Texte*, die einer anderen Logik unterworfen sind als solche, die von vornherein unter dem Diktat des Bewußtseins, des Willens und der Intention stehen. Der subtile Genuß, den literarische Texte gewähren können, käme niemals zustande, wenn Literatur bloß Sätze aneinanderreihte, die wir auf Anhieb verstehen und die nichts abbilden als das, was wir ohnehin immer schon wissen. Goethes *Heidenröslein*, Arthur Rimbauds *Une saison en enfer* oder Ingeborg Bachmanns *Malina* verschaffen uns Freude, Genuß und Lust, weil wir nicht sofort verstehen und weil wir zugleich mehr verstehen, als unsere Schulweisheit sich träumen läßt.

Freud war sich der Tatsache bewußt, daß Literatur so etwas wie eine Umschrift des Unbewußten ist, eine wie immer nachträgliche Umbildung primärprozeßhafter Vorgänge in die geordnete Sprache des Sekundärprozesses – daher sein Faible für die Dichter, denen er ungeheuer viel zutraute. Im fortgeschrittenen Alter erinnerte er sich daran, daß er als Jugendlicher die Werke Ludwig Börnes gele-

sen hatte, dabei dachte er besonders an Börnes Essay mit dem Titel *Die Kunst, in drei Tagen ein Originalschriftsteller zu werden.* Darin heißt es: »Nehmt einige Bogen Papier und schreibt drei Tage hintereinander, ohne Falsch und Heuchelei, alles nieder, was euch durch den Kopf geht. Schreibt, was ihr denkt von euch selbst, von euren Weibern, von dem Türkenkrieg, von Goethe, von Fonks Kriminalprozeß, vom jüngsten Gericht, von euren Vorgesetzten – und nach Verlauf der drei Tage werdet ihr vor Verwunderung, was ihr für neue unerhörte Gedanken gehabt, ganz außer euch kommen. Das ist die Kunst, in drei Tagen ein Originalschriftsteller zu werden.«

Nun wissen wir nicht, ob Freud je vorhatte, ein »Originalschriftsteller« zu werden – daß er es wurde, steht außer Zweifel. Aber zumindest hat er mehrfach bekundet, daß in seinem eigenen Schreibprozeß etwas virulent ist, das sich der bewußten Kontrolle entzieht. In den *Vorlesungen* notiert er: »Im Stoff selbst ist oft etwas, wodurch man kommandiert und von seinen ersten Absichten abgelenkt wird. Selbst eine so unscheinbare Leistung wie die Anordnung eines wohlbekannten Materials unterwirft sich nicht ganz der Willkür des Autors; sie gerät, wie sie will, und man kann sich nur nachträglich befragen, warum sie so und nicht anders ausgefallen ist.« Ganz ähnlich zwanzig Jahre später in *Der Mann Moses und die monotheistische Religion*: »Die Schöpferkraft eines Autors folgt leider nicht immer seinem Willen; das Werk gerät, wie es kann, und stellt sich dem Verfasser oft

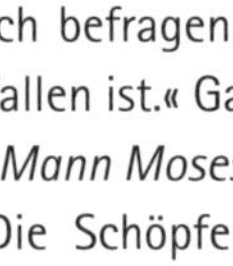

SIGMUND FREUD

DER MANN MOSES
UND DIE
MONOTHEISTISCHE RELIGION

DREI ABHANDLUNGEN

1939

VERLAG ALLERT DE LANGE
AMSTERDAM

Erstdruck von
Der Mann Moses und die monotheistische Religion,
1939

wie unabhängig, ja wie fremd, gegenüber.« Diese Selbstaussagen passen wunderbar zu jenem jüdischen Witz, den Freud gelegentlich zum besten gab: Treffen sich zwei Juden unterwegs auf der

Landstraße. Fragt der eine den anderen: »Itzig, wohin reit'st du?« – »Weiß ich? Frag' das Pferd!«

Vor diesem Hintergrund versteht man besser, warum Freud immer wieder Shakespeare und Lichtenberg, Dante und Goethe, Diderot und Heine als Gewährsleute heranzog und zitierte. Die unübersehbare Präsenz der Weltliteratur in Freuds Werk verweist auf ihre Funktion als Statthalterin des *Fremden* und des anderen der Vernunft – des Schönen, des Bedrohlichen, des Unheimlichen –, dem die Freudsche Psychoanalyse unablässig auf der Spur ist. Vielleicht darf man sogar so weit gehen und sagen, daß Freuds Werk selber das *Fremde* repräsentiert in einer restlos aufgeklärten Moderne, die der Illusion anhängt, es ein für allemal überwunden zu haben.

Was man sonst noch über Freud wissen sollte

Ein gottloser Jude: Freuds Atheismus

Freud wuchs in einer Familie auf, die sich von den traditionellen Formen jüdischer Frömmigkeit bereits stark entfernt hatte. Offenbar gehörte die Familie Freud einem Milieu an, das von der Haskala, der jüdischen Aufklärung, die seit Moses Mendelssohn vor allem im deutschsprachigen Raum Fuß gefaßt hatte, und den liberal-säkularen Strömungen des 19. Jahrhunderts beeinflußt war. Während sein Vater Jacob noch die hebräische Sprache gelernt hatte, findet man bei Freud selbst keine Spur mehr von solchen Kenntnissen. Zwar wurden in der Familie noch einige der hohen jüdischen Feste gefeiert, aber augenscheinlich kaum so, daß der Eindruck eines religiösen Lebens hätte entstehen können. An seinen Jugendfreund Eduard Silberstein schrieb der achtzehnjährige Freud in scherzhaftem Ton: »So essen wir denn mit an Sonn- und Feiertagen, aber mit dem Unterschied, daß wenn die Frommen meinen, sie hätten ein gutes Werk getan, wir Weltkinder uns bewußt sind: wir haben eine gute Schüssel gegessen.« Sogar seine beeindrukkenden Bibelkenntnisse, die, anders als heute, wie selbstverständlich zum allgemeinen Wissens- und Bildungsstandard zählten, scheint er vornehmlich aus der Luther-Übersetzung bezogen zu haben, nicht aus der Ludwig Philippsons, die für das damalige jüdische Milieu maßgebend war.

מקרא

תורה נביאים וכתובים.

Die

Israelitische Bibel.

Enthaltend:

Den heiligen Urtext,

die deutsche Uebertragung,

die

allgemeine, ausführliche Erläuterung mit mehr als 500 englischen Holzschnitten.

Herausgegeben von

Dr. Ludwig Philippson.

Erster Theil: Die fünf Bücher Moscheh.

Mit einem Stahlstiche.

Zweite Ausgabe.

Leipzig, 1858.

Baumgärtner's Buchhandlung.

Die Israelitische Bibel,
Leipzig, 1858

Freuds durchaus militanter und vielfach bezeugter Atheismus – er sei ein »gottloser Mediziner und Empiriker« (an Silberstein), ein »ganz gottloser Jude« (an Oskar Pfister) – war keineswegs nur eine private Angelegenheit, sondern entsprach einer

verbreiteten wissenschaftlichen *Weltanschauung*, d.h. einer streng naturwissenschaftlich-materialistischen Orientierung, die zumal im Umkreis des radikalen Physikalismus der Helmholtz-Schule gang und gäbe war. Diese Haltung übertrug Freud wie selbstverständlich auch auf seine Erfindung. Die Psychoanalyse, so seine Überzeugung, könne nur dann Bestand haben und Anerkennung finden, wenn sie sich aller religiösen Schlacken entledige und ganz aufs materielle Diesseits ausgerichtet sei. Im Disput mit seinem Schüler C.G. Jung wandte er sich scharf gegen die »schwarze Schlammflut des Okkultismus«. An Jung selbst kritisierte er dessen zunehmenden Hang zum Mystizismus und zu verschwommenen religiösen Einstellungen. Was ihn besonders störte, war die seit den zwanziger Jahren zu beobachtende Neigung in der Öffentlichkeit, die Psychotherapeuten als Heilsbringer und säkulare Priester zu feiern.

Seine 1927 veröffentlichte Schrift *Die Zukunft einer Illusion* ist eine ebenso entschiedene wie temperamentvolle Abrechnung mit der Religion und bekräftigt noch einmal Freuds unnachgiebige Haltung in dieser Frage. Der Text ist über weite Passagen voller Affekt, mit Polemik und sarkastischem Witz geschrieben. Zunächst konstatiert der Autor, daß Religion ein wichtiger Teil der menschlichen Kultur und ein bedeutsames Stück des psychischen Kulturbesitzes sei. Ihre kulturelle Funktion bestehe vor allem darin, die Schrecken der Natur zu bannen, die Menschen mit der Grausamkeit des Schicksals, besonders dem Tod, zu versöhnen und

sie schließlich für die Leiden und Entbehrungen zu entschädigen, die ihnen durch den kulturell geforderten Triebverzicht auferlegt werden. Allerdings läßt Freud keinen Zweifel daran, daß die Religion nicht göttlichen Ursprungs ist, vielmehr: »Die Kultur schafft die religiösen Vorstellungen« – nicht Gott. Damit greift Freud einen Topos der Religionskritik des 19. Jahrhunderts auf, wie er sich etwa bei Ludwig Feuerbach und Karl Marx findet, demzufolge Religion eine Projektion menschlicher Nöte, Ängste und Hoffnungen auf ein Jenseits ist und demgemäß je nachdem als »Seufzer der bedrängten Kreatur« oder als »Opium des Volkes« (Marx) betrachtet werden muß.

Im Zentrum der Freudschen Religionskritik steht die schwere Anklage, Religion sei Illusion, von Wunschvorstellungen gesteuert und halte das Individuum auf der Stufe des Infantilismus fest: »Wir heißen […] einen Glauben eine Illusion, wenn sich in seiner Motivierung die Wunscherfüllung vordrängt, und sehen dabei von seinem Verhältnis zur Wirklichkeit ab, ebenso wie die Illusion auf ihre Beglaubigungen verzichtet.« Aber wie das Kind allmählich lernen müsse, sich von seinen Allmachtsphantasien zu verabschieden und sich auf die Gegebenheiten der Realität einzustellen, so müsse auch der moderne Mensch lernen, sich von den tröstlichen Versprechungen der Religion zu emanzipieren und die nicht immer angenehme Wirklichkeit zur Kenntnis zu nehmen. Das von Freud empfohlene Gegengift gegen die Versuchungen der Religion heißt »Erziehung zur Realität« und »Primat

des Intellekts«. Die moderne Kultur verdient in Freuds Augen erst dann diesen Namen, wenn sie imstande ist, sich aller Illusionen zu entledigen und nur noch unserem »Gott Logos« zu vertrauen. Mit seinem unerschütterlichen Glauben an Vernunft und Wissenschaft, die für ihn stets das letzte Wort zu behalten haben, zeigt sich Freud als ein Nachfahr und Erbe jener Philosophen der Aufklärung, die 150 Jahre früher die alte Welt der Religion und des Feudalismus zum Einsturz gebracht hatten. Daß aber auch die Vernunft spektakulär versagen kann, ja, daß im Namen der Vernunft Exzesse der Unvernunft und des Wahnsinns möglich sind, wie die weitere Geschichte des 20. Jahrhunderts bis zur Erschöpfung bewiesen hat – dieser Gedanke war Freud offenbar fremd.

Freuds Judentum – ist das wirklich wichtig?

Von der Tatsache, daß Freud Jude war, ist viel Aufhebens gemacht worden, wahrscheinlich viel zuviel. Es gibt Dutzende von Büchern und noch weit mehr Aufsätze, deren Autoren des langen und breiten erörtern, was Freuds Jüdischsein für ihn selbst, für seine Familie und seine Umwelt bedeutete und ob und inwiefern es für die Psychoanalyse relevant war. Was die letztere Frage betrifft, so muß daran erinnert werden, daß Anna Freud, Freuds jüngste Tochter und geistige Erbin, sogar einmal davon gesprochen hat, die Psychoanalyse sei eine »jüdische Wissenschaft«. Es bleibt freilich unerfindlich, warum und wieso ausgerechnet die Psychoanalyse jüdisch sein soll, es sei denn, man meint damit den allseits bekannten Sachverhalt, daß nicht nur Freud, sondern auch die meisten seiner Schüler Juden waren (was sich gruppenpsychologisch und -soziologisch relativ leicht erklären läßt). Auch im Falle Albert Einsteins kommt ja heute niemand auf die Idee, seine revolutionären Leistungen auf dem Gebiet der modernen Physik als *jüdisch* zu kennzeichnen und ihnen den Aufkleber einer *jüdischen Physik* zu verpassen. So wenig es eine *deutsche Physik* gibt – von der allerdings nationalsozialistische Professoren träumten –, so wenig gibt es eine jüdische Physik und eine jüdische Psychoanalyse.

Richtig ist allerdings, daß Freud trotz seiner Abwendung vom jüdischen Glauben niemals bereit war, seine jüdische Herkunft zu verleugnen und sein Judentum vor der Öffentlichkeit zu verbergen. Im Gegenteil: Je unverblümter und aggressiver der Antisemitismus auf der politischen Bühne auftrat, desto klarer bekräftigte Freud seine Zugehörigkeit zum Judentum. Als im Jahre 1897 der antisemitische Agitator Karl Lueger – einer der ideologischen Ziehväter Adolf Hitlers – ins Amt des Bürgermeisters von Wien einzog, trat Freud der jüdischen Loge B'nai B'rith bei, was vielleicht als demonstrativer Schritt gemeint war. In den zwanziger Jahren äußerte er sich mehrfach öffentlich zu dem Umstand, daß Juden in vielerlei Hinsicht gesellschaftlich diskriminiert und benachteiligt werden – eine Erfahrung, die bereits der junge Freud machen mußte. So heißt es in der *»Selbstdarstellung«* von 1925: »Die Universität, die ich 1873 bezog, brachte mir zunächst einige fühlbare Enttäuschungen. Vor allem traf mich die Zumutung, daß ich mich als minderwertig und nicht volkszugehörig fühlen sollte, weil ich Jude war. Das erstere lehnte ich mit aller Entschiedenheit ab. Ich habe nie begriffen, warum ich mich meiner Abkunft, oder wie man zu sagen begann: Rasse, schämen sollte. Auf die mir verweigerte Volksgemeinschaft verzichtete ich ohne viel Bedauern. [...] eine für später wichtige Folge dieser ersten Eindrücke von der Universität war, daß ich so frühzeitig mit dem Lose vertraut wurde, in der Opposition zu stehen und von der ›kompakten Majorität‹ in Bann getan zu werden.« Freuds

Identifizierung mit dem Judentum blieb bis zu seinem Tod ungebrochen; er habe, heißt es in einem Brief, »das Gefühl der Zusammengehörigkeit mit meinem Volke« nie aufgegeben. Noch im Londoner Exil verfaßte er eine kleine Schrift, in der er selbstbewußt und stolz auf die hervorragenden Eigenschaften und Fähigkeiten des jüdischen Volkes hinwies.

Freilich gibt es eine Schrift aus Freuds Feder, die sich in besonderer Weise mit dem Problem des Judentums befaßt, und zwar in historischer und religionswissenschaftlicher Perspektive. Es handelt sich um das letzte große Werk Freuds, das 1939, also im Jahr seines Todes, unter dem Titel *Der Mann Moses und die monotheistische Religion* erschien – sein Autor nannte es einmal einen »historischen Roman«. Um diesen »Roman«, der höchst vielschichtig und vieldeutig ist, ein Stück weit verstehen zu können, sollte man sich klarmachen, daß Freud von der Gestalt des jüdischen Religionsstifters Moses nicht zuletzt in politischer Hinsicht fasziniert war, und außerdem, daß für ihn Moses schon früh eine Figur war, mit der er sich identifizieren konnte: »[...] wenn ich der Moses bin [...]«, heißt es 1909 in einem Brief an C. G. Jung. In der 25 Jahre vor dem *Mann Moses* veröffentlichten Studie über Michelangelos Moses-Skulptur in der römischen Kirche San Pietro in Vincoli, unmittelbar nach dem traumatischen Bruch mit Jung geschrieben, interpretiert Freud Moses als einen Mann, der gegen alle Widerstände willens ist, seinem Volk das göttliche Gesetz aufzuzwingen. In seinem »Roman«

nun kommt Freud auf das Thema des Führers Moses und des widerspenstigen jüdischen Volkes zurück, wobei er die waghalsige Hypothese aufstellt, das murrende Volk, der Strenge und Unerbittlichkeit des mosaischen Monotheismus überdrüssig, habe schließlich Moses getötet und sei in die alten Götterkulte zurückgefallen.

Man kann Freuds Moses-Buch deshalb auch biographisch und politisch deuten. Dann allerdings geht es gar nicht um ein spezifisch jüdisches Thema, sondern eher darum, daß sich Freud in seiner Identifizierung mit der Gestalt des Moses als Führer der psychoanalytischen Bewegung betrachtet, der dafür Sorge trägt, daß sein *Volk*, die *psychoanalytic community*, auf dem rechten Weg der Psychoanalyse als Wissenschaft bleibt. Wenn man bedenkt, daß es schon zu Freuds Lebzeiten eine Reihe von Dissidenzen und Trennungen gab – man denke an C. G. Jung, Alfred Adler und Otto Rank, aber auch an die Entwicklung der Psychoanalyse in den USA –, dann war Freuds Sorge um die Einheit und Eindeutigkeit seiner Sache gewiß nicht unberechtigt. Moses-Freud steht letztlich für den Kampf um den psychoanalytischen Monotheismus, um die *reine Lehre*. Wobei hier außer acht bleiben muß, daß ein literarisch schillernder Text wie *Der Mann Moses* natürlich auch noch ganz andere und in andere Richtungen führende Auslegungen zuläßt.

Eines scheint indes klar: Die Tatsache, daß Freud Jude war, läßt keine Rückschlüsse auf die Psychoanalyse zu – sie ist und bleibt eine wissenschaftliche Psychologie. So einfach ist das.

Freud und die Frauen (1)

Über Freud und die Frauen ist unendlich viel geschrieben worden, mindestens genauso viel wie über Freuds Judentum. Das liegt natürlich zunächst einmal daran, daß in seiner Theorie die Frauen ziemlich schlecht wegkommen, was vor allem die Feministinnen früh auf die Barrikaden getrieben hat. Obwohl sich Freud durchaus für die Belange der Frauen, etwa für deren größere sexuelle Selbstbestimmung, eingesetzt hat – so in der Schrift über *Die »kulturelle« Sexualmoral und die moderne Nervosität*, die übrigens in einem Journal der bürgerlichen Frauenbewegung gedruckt wurde –, haftet ihm bis heute der Ruf eines misogynen Patriarchen an.

Das hat hauptsächlich damit zu tun, daß Freuds Annahmen über die Weiblichkeit, die er im Rahmen seiner Theorie der unterschiedlichen psychosexuellen Entwicklung von Männern und Frauen aufstellte, die Frau durchgängig in der Position des Mangels und des Ausgeschlossenseins fixieren. Ihr fehlt all das Wesentliche, was ein volles Subjekt ausmacht: der Penis, das Über-Ich (Gewissen), der Intellekt, die Fähigkeit zu Sublimierung und Kulturtätigkeit. Darin ist sich Freud mit der Männerwelt seiner Epoche und deren intellektuellen Vertretern weitgehend einig, mit August Strindberg, Karl Kraus, Frank Wedekind und Otto Weininger etwa, in deren literarischen Werken die Frau zumeist als sinnliche Naturgewalt, betörende Sirene und Nymphomanin, abwechselnd als Heilige und Hure auftaucht, die den Mann ins Verderben locken will – paradigmatisch in den Dramen Wedekinds *(Lulu, Erdgeist, Die Büchse der Pandora)* und in Weiningers Pamphlet über *Geschlecht und Charakter*, das, 1903 zuerst veröffentlicht, in den Jahren vor und nach dem Ersten Weltkrieg ein vielgelesenes Buch war. (Der Verfasser der vorliegenden kleinen Schrift ist im Besitz eines Exemplars der 21. Auflage von 1920!)

Wie kommt Freud zu einem solchen Frauenbild, wenn man einmal voraussetzt, daß er, im Unterschied z. B. zu Weininger, keineswegs ein frenetischer Frauenhasser war? Freud zufolge ist das kleine Mädchen eigentlich und zunächst einmal »ein kleiner Mann«, wobei es allerdings im Laufe der Zeit feststellen muß, daß ihm zur normalen und vollen Männlichkeit etwas fehlt, ein anatomisches Attribut, dessen Mangel es zwingt, zur Frau zu werden, d. h. zu einem Wesen, das per definitionem minderwertig ist. Das Gefühl, kastriert zu sein, und die damit verbundene narzißtische Kränkung («Penisneid«) veranlassen das Mädchen, sich von der Mutter, ebenfalls ein Mangelwesen, ab- und dem Vater zuzuwenden. Allerdings muß es bald erkennen, daß auch der Vater ihm nicht das geben kann, was ihm fehlt, weshalb es seine Hoffnungen auf den Gebärwunsch, also auf ein Kind verschiebt. Während der Junge den Ödipuskomplex dadurch bewältigt, daß er der väterlichen Kastrationsdrohung weicht und das Objekt seiner inzestuösen Begierde aufgibt, erlebt das Mädchen laut Freud die ödipale Situation als Folge einer bereits vollzogenen Kastration – von daher hat es wenig Grund, diese Situation zu verlassen. Noch der alte Freud konstatiert, das Mädchen laufe in die Ödipussituation »wie in einen Hafen« ein, während der Knabe genötigt sei, ebendiese Situation zu verlassen und als ihr Erbe ein strenges Über-Ich einzusetzen: Fertig ist der Mann. Der Frau dagegen hafte etwas ewig Unfertiges und Mangelhaftes an.

Den Zorn der Feministinnen kann man ohne weiteres nachvollziehen, und ihr Vorwurf, Freuds Weiblichkeitstheorie sei ihrerseits Ausgeburt einer Männerphantasie, ist vielleicht nicht ganz unberechtigt. Einerseits hat Freud mit plakativen und zugespitzten Formulierungen über die geschlechtsspezifischen Defizite der Frau immer wieder Öl ins Feuer des feministischen Zorns gegossen. Andererseits muß man ihm aber auch zugute halten, daß sein Bild der Frau nicht einer bösen und frauenfeindlichen Absicht entspringt, sondern seiner Überzeugung, es sei das unvermeidliche Resultat unvoreingenommener psychoanalytischer Forschung. Überdies gelangte Freud mit fortschreitendem Alter immer mehr zu der Einsicht, er wisse es selber nicht so genau, und er könne »das Rätsel der Weiblichkeit« nicht lösen – die Frau bleibe für ihn ein »dark continent«. Gegenüber Marie Bonaparte soll er – wie Ernest Jones in seiner Biographie berichtet – einmal geäußert haben: »Die große Frage, die nie beantwortet worden ist und die ich trotz dreißig Jahre langem Forschen in der weiblichen Seele nicht habe beantworten können, ist die: ›Was will das Weib?‹«
Diese eingestandene Ratlosigkeit ehrt Freud.

Freud und die Frauen (2)

Auch sonst war Freud, was sein Verhältnis zu Frauen angeht, ein eher konventioneller Mann. Über seine Ehe mit Martha Freud wissen wir nicht allzuviel, weil Freud in diesen Dingen höchste Diskretion wahrte. Nach außen hin verlief die Ehe störungsfrei und harmonisch, es soll, wie die Biographen versichern, nie ein lautes oder böses Wort zwischen den Ehegatten gegeben haben. Die Arbeitsteilung war klar geregelt und wurde von niemandem in Frage gestellt: Freud verdiente den Lebensunterhalt, war für das Öffentliche zuständig und fungierte als das allseits anerkannte Oberhaupt der Familie, während Martha sich ausschließlich um die *Innenpolitik*, d.h. vor allem um den Haushalt und die Kindererziehung kümmerte. In den Bereich der Legende, die wahrscheinlich von seinem Rivalen C.G. Jung in die Welt gesetzt worden ist, gehört die Behauptung, Freud habe zeitweise ein intimes Verhältnis zu seiner Schwägerin Minna unterhalten, die als unverheiratete Frau seit den neunziger Jahren im Hause Freud wohnte – alle verfügbaren Indizien, z.B. der kürzlich publizierte Briefwechsel zwischen Schwägerin und Schwager, sprechen dagegen. Daß die beiden sich mochten und daß Minna für Freud eine geschätzte Gesprächspartnerin war, mit der er sich, anders als etwa mit Martha, auch über intellektuelle Themen austauschen konnte, dürfte kaum ausreichen, um

Freud ein *Verhältnis* anzuhängen. So gut wie alle biographischen Anhaltspunkte deuten darauf hin, daß Freud weder voreheliche noch außereheliche sexuelle Erfahrungen hatte. Als alter Mann wies er darauf hin, daß er sich zwar stets für größere sexuelle Freizügigkeit, vor allem für junge Männer und Frauen, engagiert habe, daß er selbst aber nie in den Genuß solcher Freizügigkeit gekommen sei.

Festzuhalten ist, daß Freud trotz seiner zweifellos patriarchalischen Grundhaltung in der Lage war, intellektuelle Leistungen von Frauen vorbehaltlos anzuerkennen und deren diesbezügliche Interessen zu fördern. Als er merkte, daß seine jüngste Tochter, Anna, das einzige seiner sechs Kinder war, das sich für sein Thema interessierte, tat er alles, um sie in ihrer Berufswahl zu unterstützen, was für die damalige Zeit noch keineswegs das Übliche war. Auch daß Anna unverheiratet blieb und später mit einer Frau liiert war, nahm er mit bemerkenswerter Gelassenheit hin. Überhaupt zeigte sich – je länger, desto mehr –, daß Freud mit Frauen ausgesprochen gut konnte. Seine Freundschaften mit Lou Andreas-Salomé, Marie Bonaparte, Helene Deutsch, Hilda Doolittle, Jeanne Lampl-de Groot, Ruth Mack Brunswick und Joan Riviere – durch die Bank selbstbewußte und beruflich erfolgreiche Frauen – weisen ihn als einen Mann aus, der fähig ist, Frauen auf gleicher Augenhöhe wahrzunehmen. Man sollte auch nicht vergessen, daß die Psychoanalyse seit Freud und bis heute zu jenen modernen Wissenszweigen gehört, bei denen der Anteil von Frauen ungewöhnlich

hoch ist. Offenbar hat es der vielfach kritisierte Patriarchalismus Freuds und der Psychoanalyse auf Dauer nicht vermocht, Frauen grundsätzlich abzustoßen. Das Gegenteil ist der Fall.

Mit Tochter Anna auf dem Weg ins Exil, 1938

Der glückliche Archäologe

Jeder Besucher des Londoner Freud-Museums in 20, Maresfield Gardens ist beeindruckt von der Fülle von Antiken (Originalen wie Kopien) und bildlichen Darstellungen antiker Motive, die Freud im Laufe seines Lebens gesammelt und mit denen er sein Arbeits- und Behandlungszimmer geschmückt hat – der museale Eindruck ist überwältigend. In seine Sammlung hat Freud, wie man z. B. aus seiner Korrespondenz weiß, ziemlich viel Zeit, Energie und Geld investiert, und Freunden und Besuchern pflegte er seine jeweils neuesten Erwerbungen, die er zum Teil auf beschwerlichen (und wohl nicht immer nur legalen) Wegen an sich brachte, voller Besitzerstolz vorzuzeigen. Freuds Beziehung zur griechisch-römischen Antike und darüber hinaus zu allem, was auf die Frühgeschichte der menschlichen Kultur verweist, muß man sich als höchst emotional und intensiv vorstellen.

Wie nicht wenige seiner gebildeten Zeitgenossen war Freud von der jungen Wissenschaft der Archäologie, die in den siebziger und achtziger Jahren des 19. Jahrhunderts erst im Entstehen begriffen war und zunächst noch mehr mit Abenteurertum und Schatzgräberei zu tun hatte als mit Wissenschaft, außerordentlich fasziniert. Die Grabungskampagnen Heinrich Schliemanns in Troja und Mykene und die spektakulären Funde, die sie zutage förderten, müssen ihn nachhaltig beschäftigt haben. Kurz vor dem Erscheinen der *Traumdeutung* teilte er seinem Freund Wilhelm Fließ mit: »Ich habe mir Schliemanns Ilios geschenkt und mich an seiner Kindheitsgeschichte erfreut. Der Mann war glücklich, als er den Schatz des Priamos fand, denn Glück gibt es nur als Erfüllung eines Kinderwunsches.« Gut ein Jahr später schrieb er an Fließ: »Außerdem lese ich griechische Archäologie und schwelge in Reisen, die ich nie machen, in Schätzen, die ich nie besitzen kann.«

Der biographische und wissenschaftsgeschichtliche Kontext dieser Mitteilungen liegt auf der Hand. In dem Augenblick, da Freud im Rahmen seiner Selbstanalyse die Bedeutung des Unbewußten und der eigenen Frühgeschichte, der Kindheit, für die spätere individuelle Entwicklung erkannte und die Theorie vom Ödipuskomplex formulierte, fiel es ihm offenbar wie Schuppen von den Augen, daß ja auch die Archäologie eigentlich nichts anderes tut, als die kulturelle Vergangenheit, sozusagen die Kindheit der Menschheit, auszugraben und deren mögliche Bedeutung für spätere Kulturentwicklungen zu bestimmen. So wie die Archäologie zeigen kann, daß in den von ihr zutage geförderten ältesten und alten Kulturablagerungen bedeutungsvolle Geschichten und Botschaften enthalten sind, die auf nachfolgende kulturelle Entwicklungen hinweisen und diese in einem neuen Licht erscheinen lassen, so kann die Psychoanalyse zeigen, daß das Verdrängt-Unbewußte aus der Kindheit und frühe Traumatisierungen, wenn sie der bewußten Erinnerung zugänglich werden, spätere psychische Ent-

wicklungen besser verständlich machen. Archäologie und Psychoanalyse betätigen sich demnach auf einem Gelände, auf dem es um die Entdeckung und Aufdeckung von historisch-kulturell bedeutungsvollen – sei's materiellen, sei's psychischen – Objekten geht. Man versteht die Gegenwart besser, wenn man ihre Vorgeschichte kennt. Archäologie und Psychoanalyse bemühen sich darüber hinaus um die Erstellung einer möglichst lückenlosen Chronologie bzw. Datierung von Ereignissen und Sachverhalten, die, so die zugrunde liegende Hypothese, etwas miteinander zu tun haben, und beide versuchen, jenes »missing link«, das fehlende Glied zu finden, das das Vergangene mit dem Späteren plausibel verbindet.

Die von Freud für die Psychoanalyse gern reklamierte Archäologie-Metapher verweist im weiteren auf etwas, das vor allem für die psychoanalytische Behandlungstechnik von Bedeutung ist. Freud empfahl den Analytikern in methodischer Hinsicht, von der Oberfläche (Gegenwart) in die Tiefe (Vergangenheit) vorzustoßen, also eine Schicht nach der anderen vorsichtig abzutragen, um auf diesem Wege schließlich zum Ersten und Anfänglichen, zur *Urszene*, zum Urtrauma zu gelangen. Dieses Erste und Anfängliche darf nicht von vornherein und vorschnell als Arbeitshypothese verwendet werden, sondern kann erst dann ins Spiel kommen, wenn alle anderen Funde und Indizien erschöpfend gedeutet sind: Ursprung ist das Ziel, nicht der Ausgangspunkt. Die Analogie dieses Verfahrens mit dem der Archäologie ist offensichtlich. Schliemanns

Fehler war es ja gewesen, daß er auf der Suche nach dem bronzezeitlichen Troja Homers zu hastig in die Tiefe grub und auf diese Weise wichtige und wertvolle archäologische Wegweiser zerstörte.

Freud war zwar nicht der erste, der von der Annahme eines Unbewußten ausging. Aber er war der erste, dem es gelang, die Sprache des Unbewußten zu lesen und so zu übersetzen, daß auch andere sie seitdem verstehen können. Diese Lesbarmachung der Träume und der psychischen Welt, von der der Philosoph Hans Blumenberg einmal sprach, kann man als intellektuelle Leistung ohne weiteres mit derjenigen vergleichen, die wir Forschern und Schriftgelehrten wie Jean-François Champollion, Michael Ventris und John Chadwick verdanken. Champollion gelang im 19. Jahrhundert die Lesbarmachung der ägyptischen Bilderschrift, gut ein Jahrhundert später gelang Ventris und Chadwick das gleiche mit der Entzifferung der mykenischen Linear B-Schrift. Das hat zwar nicht unmittelbar etwas mit der Archäologie zu tun, verweist aber auf einen Kontext, dem auch die Archäologie angehört.

Wahrscheinlich hat Freud Heinrich Schliemann um dessen Forscher- und Entdeckerglück schwer beneidet. Indes darf man sagen, daß ja auch Freud einen *Schatz des Priamos* und eine *Maske des Agamemnon* fand, nur waren seine Funde nicht aus Gold, sondern aus anderem, aber genauso wertvollem Material. Daß Freud in der Literatur häufig als »Archäologe des Unbewußten« tituliert wird, hat also seinen guten Sinn.

Freud und Sherlock Holmes

In einem berühmt gewordenen Aufsatz hat der italienische Historiker Carlo Ginzburg vor Jahren darauf aufmerksam gemacht, daß die Freudsche Psychoanalyse sich einer Methode bedient, die man sowohl mit einem von Giovanni Morelli für die Kunstwissenschaft entwickelten Verfahren als auch mit den Methoden der Kriminalistik vergleichen könne. Schon Thomas Mann hatte in seiner Rede zu Freuds 80. Geburtstag 1936 einen ähnlichen Gedanken formuliert und den Sachverhalt hervorgehoben, daß die Psychoanalyse eine Wissenschaft des Verdachts sei. Dieser Verdacht, so Mann, bezieht sich auf »die Versteckheiten und Machenschaften der Seele«. Nach dieser Lesart ist das psychoanalytische Verfahren nichts anderes als der systematische Versuch, Indizien und Anhaltspunkte zu finden, die den Verdacht schließlich zur Gewißheit machen, daß die menschliche Seele etwas zu verbergen habe – zwar nicht unbedingt ein Verbrechen, aber doch Vorgänge, die lieber im Dunkel des Unerkannten bleiben wollen. Kriminalistik, Psychoanalyse und Morellis Kunst, Original und Fälschung zu unterscheiden, treffen sich in der gemeinsamen Absicht, einem Anfangsverdacht nachzugehen, und operieren mit einer ganz ähnlichen Methode: mit der der systematischen »Spurensicherung« (Ginzburg) – dies wiederum verbindet alle drei auch mit der Archäologie.

Es überrascht nicht, daß schon Freud selbst auf die Idee kam, die Psychoanalyse mit der Detektivarbeit zu vergleichen. In den *Vorlesungen zur Einführung in die Psychoanalyse* erläutert er seinen Zuhörern das Interesse der Psychoanalyse an »Kleinigkeiten« und »unscheinbaren Vorkommnissen«, um dann fortzufahren: »Und wenn Sie als Kriminalbeamter an der Untersuchung einer Mordtat beteiligt sind, erwarten Sie dann wirklich zu finden, daß der Mörder seine Photographie samt beigefügter Adresse an dem Tatorte zurückgelassen hat, oder werden Sie sich nicht notwendigerweise mit schwächeren und undeutlicheren Spuren der gesuchten Persönlichkeit begnügen? Lassen Sie uns also die kleinen Anzeichen nicht unterschätzen; vielleicht gelingt es uns, von ihnen aus Größerem auf die Spur zu kommen.« Außerdem wissen wir, daß Freud mit Arthur Conan Doyles schon damals populärer Figur des Sherlock Holmes bestens vertraut war. Der »Wolfsmann« aus Freuds berühmter Fallgeschichte – die man ihrerseits als spannende Detektivgeschichte lesen kann – hat in seinen persönlichen Erinnerungen darüber Auskunft gegeben: »Einmal, als wir zufällig über Conan Doyle und seine Schöpfung Sherlock Holmes sprachen, hatte ich erwartet, daß Freud mit dieser Art leichter Unterhaltungslektüre wenig anzufangen wisse, und war überrascht herauszufinden, daß dies ganz und gar nicht der Fall war, sondern Freud diesen Autor sehr aufmerksam gelesen hatte. Die Tatsache, daß zunächst nebensächlich wirkendes Beweismaterial in der Psychoanalyse von Nutzen ist, wenn man die

Geschichte der Kindheit rekonstruiert, mag Freuds Interesse an dieser Art von Literatur erklären.« Wie zur Bekräftigung dieser Beobachtung schreibt Freud in einem Brief an Jung, in dem er sich zu seiner Behandlungsmethode äußert: »Ich habe darauf außerordentlich weise und scharfsinnig geantwortet, indem ich aus leisen Anzeichen Sherlock Holmes-artig den Sachverhalt zu erraten schien.«

Seit Freud, so das Resümee Thomas Manns, wird der Mensch den Verdacht – zuweilen ist es auch nur ein »heiterer Argwohn« – gegen seine eigene Seele nicht mehr los. Der Verdacht lautet: Wir sind ein anderer als der, der zu sein wir uns einbilden. Einer der größten Schriftsteller des 20. Jahrhunderts, dem wir die unsterbliche Figur des Kommissars Maigret verdanken, Georges Simenon, antwortete auf die Frage, warum er immer nur von Jung und nie von Freud spreche: »Bei Freud würde ich mich vielleicht wiedererkennen, und davor habe ich ein bißchen Angst – vor dem Freud der Ängste, des Unbehagens, der Ohnmachten, der Zwangsvorstellungen.« Die Suche nach dem anderen in uns, das legt Simenons sympathisch ehrliche Antwort nahe, mag so beschwerlich, aufwendig und gefährlich sein wie diejenige Sherlock Holmes' nach dem berüchtigten Professor Moriarty. Auf jeden Fall kommt es bei dieser Suche immer auf die Details an.

Bürger Freud

Seit dem Ende des Ersten Weltkriegs, als die Psychoanalyse ihren Siegeszug durch die westliche Welt antrat, hegte Freud die nicht unberechtigte Hoffnung, mit dem Nobelpreis ausgezeichnet zu werden. Ungefähr zehn Jahre lang wartete er auf diese Würdigung seines Lebenswerks durch das Stockholmer Preiskomitee. Vergeblich. 1929 hielt er in seinem Tagebuch lakonisch fest: »Im Nobelpreis übergangen«. Ein Jahr später noch einmal, diesmal definitiv: »Im Nobelpreis endgültig übergangen«.

Immerhin erhielt Freud 1930 den Goethe-Preis der Stadt Frankfurt am Main. Das war insofern ungewöhnlich, als dieser Preis bisher ausschließlich an Schriftsteller verliehen worden war, während Freud in den Augen der breiten Öffentlichkeit als Wissenschaftler galt, keineswegs als Schriftsteller, den man mit dem Namen Goethes in Verbindung bringen konnte. Zudem regten sich, als Freud für den Goethe-Preis ins Spiel gebracht wurde, die allfälligen antisemitischen Stimmungen, um gegen den Juden Freud mobilzumachen. Es bedurfte u.a. der Autorität eines Alfred Döblin, um die Ehrung Freuds als eines großen Autors deutscher Sprache schließlich durchzusetzen. Fünf Jahre nach diesem Ereignis – inzwischen war in Deutschland der Nationalsozialismus an die Macht gekommen – notierte Freud, er habe die »kurzlebige Illusion« gehabt, »daß man zu den Autoren gehört, denen eine

große Nation wie die deutsche bereit ist, Gehör zu schenken«. Die Auszeichnung mit dem Goethe-Preis sei »der Höhepunkt meines bürgerlichen Lebens« gewesen.

Den wahren Höhepunkt seines bürgerlichen Lebens erreichte Freud allerdings erst Jahrzehnte nach seinem Tod. Als seine Tochter Anna, die den Nachlaß des Vaters verwahrt hatte, 1982 starb, ging das riesige Konvolut der Freudschen Schriften, Manuskripte und Briefe von London aus in die Vereinigten Staaten. Die Amerikaner maßen Freuds schriftlichem Nachlaß eine solche Bedeutung bei, daß sie die Air Force mit dem Transport über den Atlantik beauftragten. Vom Washingtoner Flughafen begleitete eine Militäreskorte die Beförderung der Kisten zur Library of Congress, wo ihr Inhalt seitdem im Freud-Archiv lagert. Es ist eine der subtilsten Ironien der jüngeren Geistesgeschichte, daß ausgerechnet das Land, das am frühesten und konsequentesten dazu beitrug, daß Freuds Lehren bis zur Unkenntlichkeit verwässert und aus dessen Mitte die rüdesten Angriffe gegen Freud und die Psychoanalyse geführt wurden, zum Gralshüter des Freudschen Erbes geworden ist.

Zu guter Letzt

Im Jahr 2006 wird der 150. Geburtstag Freuds gefeiert, und wie immer zu solchen Anlässen, die heutzutage gerne als *Event* inszeniert werden, wird über den Jubilar, der sich nicht mehr wehren kann, neben manchem Nachdenklichen und Tiefsinnigen auch viel Falsches, Zweifelhaftes und Überflüssiges geschrieben und gesagt. Daran haben wir uns gewöhnt, und überhaupt: Warum sollte es Freud besser ergehen als beispielsweise Mozart, Heine und Beckett, die 2006 ebenso *abgefeiert* werden?

Als im Jahr 1956 Freuds 100. Geburtstag begangen wurde, besuchte die französische Literaturwissenschaftlerin Marthe Robert in London den alten Stenzel. Stenzel lebte im Stadtteil Whitechapel wie früher in seinem Schtetl und betrieb eine kleine Zeitschrift, die er in jiddischer Sprache herausgab. London feierte den Begründer der Psychoanalyse. »Auch ich, sagte Stenzel, habe für meine Zeitschrift einen Artikel über Freud geschrieben. Wollen Sie ihn lesen? – Aber Stenzel, ich lese kein Jiddisch. – Macht nichts, sagte er, ich werde Ihnen den Schluß des Artikels zusammenfassen, das reicht. Der Schluß lautet: Freud ist groß, Freud ist sehr groß, aber Moses ist noch größer.«

Literaturhinweise

Zitierte Literatur

Freud, Sigmund, *Gesammelte Werke*, Bd. I–XVIII, London/Frankfurt a.M. 1940 ff.; *Nachtragsband*, Frankfurt a.M. 1987

Freud, Sigmund, *Schriften über Kokain*, hg. von A. Hirschmüller, Frankfurt a.M. 1996

Freud, Sigmund, *Tagebuch 1929–1939*, hg. von M. Molnar, Frankfurt a.M. 1996

Freud, Sigmund, *Briefe 1873–1939*, hg. von E.L. Freud, Frankfurt a.M. 1960

Freud, Sigmund, *Briefe an Wilhelm Fließ*, hg. von J.M. Masson, Frankfurt a.M. 1986

Freud, Sigmund, *Jugendbriefe an Eduard Silberstein 1871–1881*, hg. von W. Boehlich, Frankfurt a.M. 1989

Freud, Sigmund/Jung, Carl G., *Briefwechsel*, hg. von W. McGuire und W. Sauerländer, Frankfurt a.M. 1974

Freud, Sigmund/Pfister, Oskar, *Briefe 1909–1939*, hg. von E.L. Freud und H. Meng, Frankfurt a.M. 1963

Freud, Sigmund/Bernays, Minna, *Briefwechsel 1882–1938*, hg. von A. Hirschmüller, Tübingen 2005

Jones, Ernest, *Das Leben und Werk von Sigmund Freud*, Bd. I–III, Bern/Stuttgart/Wien 1978

Robert, Marthe, *La Traversée littéraire*, Paris 1994

Shepherd, Michael, *Sherlock Holmes und der Fall Sigmund Freud*, Rheda-Wiedenbrück 1986

Simenon, Georges, *Simenon auf der Couch. Fünf Ärzte verhören den Autor sieben Stunden lang*, Zürich 1985

Empfohlene Literatur

1. Für Leser, die einen ersten (und preiswerten) Einstieg in Freuds Werk suchen

Freud, Sigmund, *Vorlesungen zur Einführung in die Psychoanalyse*, Frankfurt a.M. 2004 (Fischer TB Verlag)

Freud, Sigmund, *Neue Folge der Vorlesungen zur Einführung in die Psychoanalyse*, Frankfurt a. M. 2005 (Fischer TB Verlag)

Freud, Sigmund, Die »kulturelle« Sexualmoral und die moderne Nervosität, in: *Das Unbehagen in der Kultur und andere kulturtheoretische Schriften*, Frankfurt a. M. 2004 (Fischer TB Verlag), S. 109 – 132

2. Einführende und Überblicksdarstellungen

Flem, Lydia, *Der Mann Freud*, Frankfurt a. M./New York 1993 (Campus)

Lohmann, Hans-Martin, *Freud zur Einführung*, Hamburg 2002 (Junius)

Lohmann, Hans-Martin, *Sigmund Freud*, Reinbek 2006 (Rowohlt TB Verlag)

3. Biographisches

Gay, Peter, *Freud. Eine Biographie für unsere Zeit*, Frankfurt a. M. 2006 (Fischer TB Verlag)

Jones, Ernest, *Das Leben und Werk von Sigmund Freud*, Bd. I – III, Bern/Stuttgart/Wien 1978 (Huber)

Kollbrunner, Jürg, *Der kranke Freud*, Stuttgart 2001 (Klett-Cotta)

Schur, Max, *Sigmund Freud. Leben und Sterben*, Frankfurt a. M. 1973 (Suhrkamp)

4. Für Kenner und Liebhaber

Goldschmidt, Georges-Arthur, *Als Freud das Meer sah. Freud und die deutsche Sprache*, Zürich 1999 (Ammann)

Grubrich-Simitis, Ilse, *Zurück zu Freuds Texten. Stumme Dokumente sprechen machen*, Frankfurt a. M. 1993 (S. Fischer)

5. Zum wissenschaftlichen Gebrauch

Lohmann, Hans-Martin / Pfeiffer, Joachim (Hg.), *Freud-Handbuch. Leben – Werk – Wirkung*, Stuttgart 2006 (Metzler)

Personenregister

Bildnachweis

(Nicht in allen Fällen konnte die Herkunft der Abbildungen geklärt werden.)

Bildarchiv des Instituts für Geschichte der Medizin, Wien: S. 51

Kurt Niehus, Baden/Schweiz: S. 33

Posters del Tiempo, S. A.: S. 64

Sigmund Freud Archives/Library of Congress, Washington, D. C.: S. 14, 67, 111

Sigmund Freud Copyrights Ltd., London: S. 16, 19, 23, 27, 29, 42, 46, 88